# A BEGINNER'S COURSE IN CORNISH

# CORNISH THIS WAY ~

# *HOLYEWGH AN LERGH*

## by Graham Sandercock

### drawings by D.E. Ivall

*Dyllys gans Kesva an Taves Kernewek*

**Published by The Cornish Language Board**

**ISBN 0 907064 95 7**

## Cornish This Way ~ Holyewgh an Lergh

Second Edition, September 1993, reprinted 1995 and 1999 with minor amendments
Published by Kesva an Taves Kernewek (The Cornish Language Board)
Copyright © Graham Sandercock.
ISBN 0 907064 95 7 Book
ISBN 0 907064 17 5 Cassettes
ISBN 0 907064 96 5 Book and cassettes

### Raglavar (Foreword)

This book is divided into 205 short sections (pages 3-50) each containing a reading or conversation or point of grammar or vocabulary or exercise which can be studied and understood in a short time. However, before going on, each point must be reinforced by further practice, both written and spoken, repeating each sentence pattern, introducing variations and making up new examples until the point becomes familiar.

The contents of the book are the result of evening classes successfully given by the author over many years; it is designed primarily for work in small groups with a tutor, either in schools or evening classes. Individual students working on their own will find it possible to use the book too but they are encouraged to make contact with other learners or groups to help them on their way.

The Cornish Language Board *(Kesva an Taves Kernewek)* publishes accompanying tapes to go with this book; the tapes cover most of the passages in the book and also give answers to some of the exercises. The tapes also give the essential help needed with regard to pronunciation and by repeatedly listening to passages and speaking them aloud the student will soon absorb many phrases. A sound knowledge of the grammatical points and vocabulary contained within these pages will ensure a good degree of fluency in Cornish and provide a sound base for further advanced study.

The grammatical content of the book is explained as simply as possible and covers all the syllabus of the Cornish Language Board's first grade examination. The Language Board aims to provide support for learners of Cornish, principally by publishing materials and setting examinations. It also works in very close co-operation with the Cornish Language Fellowship *(Kowethas an Yeth Kernewek)* which has membership open to all new students and which organises events and publishes material specifically aimed at beginners.

I wish to express my thanks to Mr Wella Brown, to Dr David Balhatchet and to Mr George Ansell for their advice and thorough scrutiny of this new edition. Any shortcomings or errors are the responsibility of the author.

Further information about the language as well as details of publications such as grammar books, dictionaries and reading books can be obtained from the officers of the Cornish Language Board and the Cornish Language Fellowship (see page 64).

**Graham Sandercock**, mis Hwevrer 1999

---

| *Abbreviations used:* | | | *Appendices:* | | |
|---|---|---|---|---|---|
| f | = | feminine noun | page | 51 | Appendix 1, list of contents |
| m | = | masculine noun | pages | 52-53 | Appendix 2, parts of verbs |
| s | = | singular | pages | 54 | Appendix 3, parts of **bos** and auxiliary verbs |
| p | = | plural | | | Appendix 4, table of mutations |
| 1/2/3 | = | first, second, third person | pages | 55-59 | Cornish-English vocabulary |
| | | (of verbs) | pages | 59-63 | English-Cornish vocabulary |
| | | | page | 64 | useful addresses and bibliography |

---

## #1 PIW ? *(who ?)*

**Piw os ta ?**
*who are you ?*

| | ov vy |
|---|---|
| | *am I* |

Piw os ta ?

*Jenifer*

Yowann ov vy

*Yowann*

**Piw yw ev ?**
*who is he ?*

| | yw ev |
|---|---|
| | *is he* |

Piw yw ev ?

Mighal yw ev

*Mighal*

**Piw yw hi ?**
*who is she ?*

| | yw hi |
|---|---|
| | *is she* |

Ha piw yw hi ?

Maria yw hi

*Maria*

Fill in the boxes above with the
names of people in your group.

---

## #2 OS TA ... ? *(are you ... ?)*   OV/NAG OV *(yes/no)*

**Os ta lowen ?**
*Are you happy ?*

**Ov, lowen ov vy.**
*Yes, happy am I.*
**Nag ov, nyns ov vy lowen.**
*No, I am not happy.*

**Os ta trist ?**

**Ov, trist ov vy.**
**Nag ov, nyns ov vy trist.**

---

## #3 GERVA

| bras | byghan | koth | yowynk | moen | tew | hir | berr |
|---|---|---|---|---|---|---|---|
| *big* | *small* | *old* | *young* | *slim* | *fat* | *tall* | *short* |

**PRAKTIS**   1. Os ta hir ?   2. Os ta tew ?   3. Os ta koth ?   4. Os ta byghan ?

---

## #4 YW EV ... ? *(is he ... ?)* YW HI ... ? *(is she ... ?)* YW/NAG YW *(yes/no)*

**Yw ev koth ?**
*Is he old ?*

**Yw, koth yw ev.**
*Yes, he is old.*
**Nag yw, nyns yw ev koth.**
*No, he is not old.*

**Yw hi moen ?**
*Is she slim ?*

**Yw, moen yw hi.**
*Yes, she is slim.*
**Nag yw, nyns yw hi moen.**
*No, she's not slim.*

---

| **#5 GERVA** | **kernewek** | *Cornish* | **PRAKTIS** | *1. Yw ev kernewek ?* |
|---|---|---|---|---|
| | **skwith** | *tired* | | *2. Yw hi hager ?* |
| | **hager** | *ugly* | | *3. Yw hi skwith ?* |
| | **teg** | *beautiful* | | *4. Yw ev teg ?* |

**#6 BOS** *(to be). You can fill in the blanks with a name, noun or adjective as appropriate.*

| **... ov vy** | *am I* | **nyns ov vy ...** | *I am not* |
|---|---|---|---|
| **... os ta** | *are you* (s) | **nyns os ta ...** | *you are not* |
| **... yw ev** | *is he* | **nyns yw ev ...** | *he is not* |
| **... yw hi** | *is she* | **nyns yw hi ...** | *she is not* |

*Use the patterns in #3 to #6 to make up further examples of your own to write and speak.*

**#7 PYTH ?** *(what ?)* **GERVA**

**Pyth yw hemma ?**
*What is this ?*

**Kador yw.**
*A chair it is.*

| **kadar** | *chair, a chair* |
|---|---|
| **pluvenn** | *pen, a pen* |
| **lyver** | *book, a book* |
| **moes** | *table, a table* |

**Pyth yw hemma ?**

**Pluvenn yw.**

**Pyth yw hemma ?**

**Lyver yw.**

**Yw hemma kador ?**
*Is this a chair ?*

**Yw, kador yw.**
*Yes, a chair it is.*

**Yw hemma lyver ?**

**Yw, lyver yw.**

**Yw hemma pluvenn ?**

**Nag yw, nyns yw pluvenn; moes yw.**
*No, it's not a pen; it's a table.*

**#8 OBER** *Translate the following into Cornish.*

| *1. It is a chair.* | *4. I am happy.* | *7. Is she tall ?* | *10. Is George happy ? No.* |
|---|---|---|---|
| *2. It is a pen.* | *5. He is fat.* | *8. I am not tall.* | |
| *3. It is a book.* | *6. Are you tall ?* | *9. He is not tall.* | |

**Add your own examples**

**#9 GERVA**

| **ott !** *look ! lo !* | **gwir** *true* | **teylu** *m family* | **hag** *and* (before a vowel) |
|---|---|---|---|
| **henn** *m that* | **den** *m man, person* | **an** *the* | **an den na** *that man* |
| **henna** *m that* | **maw** *m boy* | **ynwedh** *also, too* | **an venyn na** *that woman* |
| **honn** *f that* | **benyn** *f woman* | **ytho** *so, then, thus* | **yma maw gans ..** *there is a boy with ...* |
| **honna** *f that* | **ki** *m dog* | **ha** *and* | **an den ma** *this man* |

4

## #10 KESKOWS

| | |
|---|---|
| Yowann: | Ottena den ! Piw yw an den na ? |
| Maria: | Henn yw Mester Angwynn. Mester Angwynn yw henna. |
| Yowann: | Hag ottena benyn ! Piw yw an venyn na ? |
| Maria: | Honn yw Mestres Angwynn. Mestres Angwynn yw honna. |
| Yowann: | Yma maw gans Mester ha Mestres Angwynn ynwedh. |
| Maria: | Gwir. Henn yw Peder Angwynn. Hag ott ! Yma ki gans Peder. |
| Yowann: | Ottena an teylu Angwynn, ytho. |

yma ki gans Peder

---

**#11** There is no indefinite article (i.e. English *'a'* or *'an'*) in Cornish, so **LYVER** can mean *'a book'* or simply *'book'*; **MOES** can mean *'table'* or *'a table'*.

The definite article (i.e. English *'the'*) in Cornish is **AN**, so **AN LYVER** means *'the book'*.

Nouns in Cornish are either masculine or feminine in gender. Feminine singular nouns often change their first letter after **AN** as shown in the right-hand column below. (Such changes also apply to masculine plural nouns denoting persons.) This change is known as a soft mutation (putting the noun into the second state, also known as lenition) and the initial letters which are affected are:

| initial letter | B | CH | D | GL | GO | GW | K | M | P | T |
|---|---|---|---|---|---|---|---|---|---|---|
| after mutation | V | J | DH | ..L | WO | W | G | V | B | D |

---

**#12**

| Nebes henwyn gorow | nebes henwyn benow | treylyans wosa 'an' |
|---|---|---|
| *[some masculine nouns]* | *[some feminine nouns]* | *[mutation after 'an']* |
| **baner** *flag, a flag* | **benyn** *woman, a woman* | **an venyn** *the woman* |
| **den** *man, a man* | **davas** *sheep, a sheep* | **an dhavas** *the sheep* |
| **gorhel**, *ship, a ship* | **goedh** *goose, a goose* | **an woedh** *the goose* |
| **gweli** *bed, a bed* | **gwedrenn** *glass, a glass* | **an wedrenn** *the glass* |
| **ki** *dog, a dog* | **kegin** *kitchen, a kitchen* | **an gegin** *the kitchen* |
| **maw** *boy, a boy* | **mowes** *girl, a girl* | **an vowes** *the girl* |
| **penn** *head, a head* | **pluvenn** *pen, a pen* | **an bluvenn** *the pen* |
| **troes** *foot, a foot* | **tigenn** *bag, a bag* | **an digenn** *the bag* |

---

**#13 OBER** *Translate the following into Cornish.*

1. A dog and a cat.
2. A boy.
3. The girl.
4. The woman with a man.
5. A family with a girl.
6. The glass.
7. The ship.
8. This ship.
9. This chair.
10. The kitchen.

Add your own examples

---

**#14 OBER**   **Ensampel** *example:*   **Pyth yw hemma ?** *What is this ?*    **Gorhel yw.** *It's a ship.*

**1. Pyth yw hemma ?**

**2. Pyth yw hemma ?**

**3. Pyth yw hemma ?**

**4. Pyth yw hemma ?**

**5. Pyth yw hemma ?**

**6. Pyth yw hemma ?**

---

**#15 OBER**   Ensampel   Yw hemma davas ?    Yw, davas yw.
*Is this a sheep ?*   *Yes, it's a sheep.*

1. Yw hemma chi ?    4. Yw hemma pluvenn ?

2. Yw hemma karr ?    5. Yw hemma kador ?

3. Yw hemma gwedrenn ?    6. Yw hemma baner ?

---

**#16 OBER**   Ensampel   Yw hemma chi ?    Nag yw, nyns yw chi; karr yw.
*Is this a house ?*   *No, it's not a house; it's a car.*

1. Yw hemma kador ?    4. Yw hemma troes ?

2. Yw hemma goedh ?    5. Yw hemma tigenn ?

3. Yw hemma pluvenn ?    6. Yw hemma maw ?

---

**#17     HENWYN GWANN** *(Adjectives)* Adjectives in Cornish follow the noun which they describe, e.g. *' a big man'* = **DEN BRAS**; *'a young girl'* = **MOWES YOWYNK**.

In addition, adjectives have a soft mutation after feminine singular nouns and masculine plural nouns denoting persons (see **#11** for letters affected). Examples:

| | | | |
|---|---|---|---|
| *'a small woman'* | **BENYN VYGHAN** | *'the small woman'* | **AN VENYN VYGHAN** |
| *'an old pen'* | **PLUVENN GOTH** | *'the old pen'* | **AN BLUVENN GOTH** |

In the next section (**#18**) there is a list of common adjectives in pairs with some examples (**#18-19**) to translate. Make up some more examples of your own.

---

**#18 HENWYN GWANN** *Adjectives*                                    **Ensamplow**

| | | | | |
|---|---|---|---|---|
| **da** *good* | **drog** *bad* | **kernewek** *Cornish* | **sowsnek** *English* | **baner gwynn** |
| **dien** *complete* | **terrys** *broken* | **koth** *old* | **nowydh** *new* | **gweli koth** |
| **du** *black* | **gwynn** *white* | **ledan** *wide* | **ynn** *narrow* | **gwedrenn derrys** |
| **glan** *clean* | **plos** *dirty* | **leun (a)** *full (of)* | **gwag** *empty* | **kegin blos** |
| **glyb** *wet* | **sygh** *dry* | **skav** *light* | **poes** *heavy* | **ki glyb** |
| **gwann** *weak* | **krev** *strong* | **ughel** *high* | **isel** *low* | **tigenn nowydh** |

**baner kernewek**

---

**#19 OBER** *Translate the following into Cornish:*

| | | | |
|---|---|---|---|
| *1. A white ship.* | *4. The broken bed.* | *7. A clean glass.* | *10. That small boy.* |
| *2. A white kitchen.* | *5. A wet girl.* | *8. The black pen.* | |
| *3. The white kitchen.* | *6. The happy girl.* | *9. A tall man.* | **Add your own examples** |

## #20 NEBES LAVAROW KEMMYN *(Some common expressions).*

**dydh da** *good day*
**myttin da** *good morning*
**gorthugher da** *good evening*
**nos dha** *good night*
**dohajydh da** *good afternoon*
**dyw genes** *goodbye*
**ny vern** *it doesn't matter*
**na fors** *never mind*

**meur ras** *thanks*
**mar pleg** *please*
**fatla genes ?** *how are you ?*
**yn poynt da** *in good health*
**da lowr** *well enough, OK*
**drog yw genev** *I'm sorry*
**yeghes da** *good health, cheers*
**serrys** *angry*

## #21 KESKOWS

Mr Angwynn: Ott ! Mestres Kernow. Nyns yw hi lowen. Dydh da Mestres Kernow. Fatla genes ?
Mrs Kernow: Serrys ov vy. An digenn ma yw terrys.
Mr Angwynn: Drog yw genev. Mes ass yw koth an digenn na !
Mrs Kernow: Gwir. Tigenn goth yw - ha byghan ynwedh.
Mr Angwynn: Ha fatla gans Mester Kernow ytho ?
Mrs Kernow: Yn poynt da meur ras. Pur lowen yw ev. Yma lyver nowydh gans Mr Kernow.
Mr Angwynn: Nyns yw lyver sowsnek ?
Mrs Kernow: Nag yw, nyns yw lyver sowsnek. Lyver kernewek yw.
Mr Angwynn: Da yw henna. Henn yw pur dha. Wel, Dyw genes ytho !
Mrs Kernow: Dyw genes Mester Angwynn.

*Dyw genes !*

## #22 PUR *(very)* softens *(see #11) the following adjective:*

*very good* = **pur dha**;  *very old* = **pur goth**;  *very dirty* = **pur blos**;  *very sad* = **pur drist**
    **(da)**           **(koth)**           **(plos)**           **(trist)**

## #23 PY PAR ? *(What sort of ?)*

**Py par den yw ev ?**      **Koth yw ev.**      **Py par karr yw henna ?**      **Bras yw.**
*What kind of man is he ?*    *He's old.*      *What kind of car is that ?*    *It's big.*

## #24 ASS ! *(How .... ! What a .... !)*

**Ass yw hi glyb !**    **Ass yw glan an chi ma !**    **Ass ov vy serrys !**    **Ass yw teg an gewer !**
*How wet she is !*    *What a clean house this is !*    *How angry I am !*    *What fine weather it is !*

## #25 OBER *Translate the following into Cornish. Make up some examples of your own.*

1. Good morning. How are you ?
2. In good health, thank you.
3. I am sorry. Never mind.
4. How sad I am.
5. What sort of dog is it ?
6. Very wet and very dirty.
7. A very broken chair.
8. Are you Cornish ? Yes.
9. She is a very old woman.
10. Here is a glass. It is empty.

**#26 OBER**   Ensampel   Py par maw yw hemma ?    Lowen yw an maw ma.

1. **Py par chi yw hemma ?**
   **(isel** *po* **ughel)**    .... yw an chi ma.

2. **Py par gwedrenn yw homma ?**
   **(leun** *po* **gwag)**    .... yw an wedrenn ma.

3. **Py par mowes yw homma ?**
   **(lowen** *po* **trist)**    ..... yw an vowes ma.

4. **Py par baner yw hemma ?**
   **(gwynn** *po* **du)**    .. yw an baner ma.

5. **Py par lyver yw hemma ?**
   **(moen** *po* **tew)**   ... yw an lyver ma.

---

## #27 GERVA

| | | |
|---|---|---|
| **dew** *m two* (+ soft mutation) | **mes** *but* | **Bretonyon** *p Bretons* **(An Vretonyon)** |
| **a wodhes ?** *do you know ?* | **hweg** *nice* | ***Breizh da virviken !*** *Brittany for ever ! (in Breton)* |
| **ny wonn** *I don't know* | **yn hwir ?** *really ?* | **Kernow bys vykken !** *Cornwall for ever !* |
| **Kernowyon** *p Cornishmen* | **(an Gernowyon)** | |

---

## #28 KESKOWS

| | |
|---|---|
| **Maria:** | **Ottena dew dhen yowynk !** |
| **Jenifer:** | **Gwir, Maria. Piw yns i ? A wodhes ?** |
| **Maria:** | **Na. Ny wonn, mes pur hweg yns i.** |
| **Jenifer:** | **Myttin da ! Piw owgh hwi ? Owgh hwi Kernowyon ?** |
| **Den #1:** | **Nag on, nyns on ni Kernowyon. Bretonyon on ni.** |
| **Maria:** | **Bretonyon ? Yn hwir ? Ytho *Breizh da virviken'* !** |
| **Den #2:** | **Meur ras ! Ha 'Kernow bys vykken' ynwedh !** |

---

## #29 OBER *Translate.*

1. **Kernowyon on ni.**
2. **Mowes vyghan yw Maria.**
3. **Ottena karr koth plos !**
4. **Bretonyon yns i.**

5. **Gorthugher da ! Fatla genes ?**
6. *We are wet and unhappy.*
7. *Who are they ? I don't know.*
8. *They are Cornish.*

9. *We are not old !*
10. *You (p) are very tired.*

> **Make up some more examples of your own**

---

**#30** The **KESKOWS** above completes the present tense of **BOS** (*'to be'*).

| yth/nyns/nag | | | | yth/nyns/nag | | |
|---|---|---|---|---|---|---|
| (1s) | **ov vy** | I am | | (1p) | **on ni** | we are |
| (2s) | **os ta** | you are (s) | | (2p) | **owgh hwi** | you are (p) |
| (3sm) | **yw ev** | he is | | (3p) | **yns i** | they are |
| (3sf) | **yw hi** | she is | | | | |

---

**#31**   Particles: **YTH**, **NYNS** and **NAG** in **#30** (page 8) are known as particles.

   **YTH** has no meaning but must be used in a sentence starting with the verb e.g. **YTH OV VY SKWITH** *('I am tired')*. If the sentence is turned around so that a noun or adjective comes before the verb **YTH** is no longer needed, e.g. **MOWES YW HI** *('she's a girl')*, **LOWEN YNS I** *('they are happy')*, and so on.

   **NYNS** makes the sentence or phrase negative: **NYNS YW HI TRIST** *('she's not sad')*; **NYNS ON NI KEMBROYON** *('we're not Welsh')*.

   **NAG** is used  in the answer to a question if the answer is *'no'*:

| | | |
|---|---|---|
| **Yns i koth ?** | **Nag yns, nyns yns i koth.** | **Yowynk yns i.** |
| *Are they old ?* | *(= no,) they are not old.* | *They are young.* |
| **Yw hi hir ?** | **Nag yw, nyns yw hi hir.** | **Berr yw hi.** |
| *Is she tall ?* | *(= no,) she is not tall.* | *She is short.* |

---

**#32 OBER**   *Find the following words in the* **GERVA** *at the back of the book and write each word in the correct place on the drawing. Note whether each word is masculine or feminine in gender and think if putting* **AN** *before the word or adding an adjective will caue any mutation.*

lowarth
chi
glesin
daras
fenester
chymbla
krow
gwydhenn
fos
yet
bleujennow
losow-kegin
fordh
hyns
eglos
bre
prysk
ebrenn

---

## #33 PYTH OS TA ? *(What are you ?)*

Skoler ov vy.

Skoler ov vy ynwedh.

Tiek ov vy.

Skrifennyades ov vy.

Medhyk ov vy.

Den bal ov vy.

Pyskador ov vy.

Gwithyas kres ov vy.

Dyskador ov vy.

## PYTH YNS I ? *(What are they ?)*

. . . . . . . . . . yw ev.

. . . . . . yw hi.

. . . . . . yw ev.

. . . . oryon yns i.

. . . yw ev.

. . . . . . . . . . . . . yw hi.

. . . . . . . . yw ev.

. . . . . . . . yw ev.

HA TY, PYTH OS TA ?

---

## #34 GERVA

| toemm | yeyn | sygh | glyb | kosel | gwynsek |
|-------|------|------|------|-------|---------|
| *warm* | *cold* | *dry* | *wet* | *calm* | *windy* |

---

## #35 AN GEWER
*The weather*

**FATELL YW AN GEWER ?**
*What's the weather like ?*

**YEYN YW AN GEWER**
*Cold is the weather*

**YEYN YW HI**
*It's cold*

---

**Fatell yw an gewer ?**

**Fatell yw an gewer ?**

**Fatell yw an gewer ?**

---

**Fatell yw an gewer ?**

**Fatell yw an gewer ?**

**Fatell yw an gewer ?**

---

**Yw an gewer sygh ? Nag yw; nyns yw hi sygh. Glyb yw hi.**

**Yw hi kosel ? Yw, kosel yw hi.**

**Yw hi toemm ? Nag yw; nyns yw hi toemm. Yeyn yw.**

## #36 GERVA

| | |
|---|---|
| **hwedhel** *m story* | **my a vynn** *I want* |
| **paper** *m paper* | **skrifa** *to write* |
| **ynk** *m ink* | **dhis** *to you* |
| **tan** *m fire* | **dhymm** *to me* |
| **dyskador** *m teacher* | **kemmer !** *take !* |
| **folenn** *f page* | **ro dhymm !** *give me !* |
| **kornell** *f corner* | **genev** *with me* |
| **arall** *(an)other* | **genes** *with you* |
| **hwath** *still, yet* | **bydh kosel !** *be quiet !* |
| **y'n (yn an)** *in the* | **taw taves !** *shut up !* |
| **ryb** *by, beside* | (literally *silence tongue !*) |
| **hedhyw** *today* | **ke dhe-ves !** *go away !* |
| **ow tos** *coming* | **pyth eus genes ?** *what's (the matter) with you ?* |

---

## #37 KESKOWS (yntra dew flogh yn skol)

**Jori:** Eus pluvenn dhis ? My a vynn skrifa hwedhel berr.

**Talwynn:** Eus, yma pluvenn dhymm. Ottomma an bluvenn. Pluvenn dhu yw. Kemmer an bluvenn.

**Jori:** Meur ras, Talwynn. Ha ro dhymm folenn paper ynwedh mar pleg. Nyns usi ow lyver genev hedhyw.

**Talwynn:** Kemmer an folenn ma, ytho.

**Jori:** Ogh, terrys yw an gador ma. Ass yw hi koth ! Eus kador arall omma ?

**Talwynn:** Eus, yma kador ryb an tan. Mes bydh kosel ! Yma an dyskador ow tos !

**Jori:** Nyns usi ! Yma ev y'n gornell hwath. Re'n jowl ! Lemmyn nyns eus ynk y'n bluvenn ma ! Gwag yw. Eus ynk genes, Talwynn ?

**Talwynn:** Taw taves ! Ke dhe-ves ! Pyth eus genes hedhyw ?

---

## #38 YMA/USI/EUS
These can all be translated as 'is' or 'are'. They are used when place or position is indicated.

**YMA** *is used in a statement* e.g.

| | |
|---|---|
| **Yma Jori y'n skol.** | George is in the school. |
| **Yma an ki y'n lowarth.** | The dog is in the garden. |
| **Yma kador ryb an tan.** | There is a chair by the fire. |

**USI** *is used in negative sentences and questions with a definite subject* e.g.

| | | |
|---|---|---|
| **Usi Jori y'n skol ?** | Is George in the school ? | *(question)* |
| **Nyns usi an ki ryb an tan.** | The dog is not by the fire. | *(negative)* |

**EUS** *is also used in negative sentences and questions but with an indefinite or unspecified subject* e.g.

| | | |
|---|---|---|
| **Eus pluvenn y'n digenn ?** | Is there a pen in the bag ? | *(question)* |
| **Nyns eus lyver omma.** | There isn't a book here. | *(negative)* |

(The subjects of the last two examples are indefinite because they do not specify which pen or book and could mean any book or pen)

---

## #39 OBER *Translate these statements (see also #40, page 12).*

*1.* **Yma karr ryb an chi.**
*2.* **Yma Maria y'n lowarth.**
*3.* **Yma an bluvenn y'n digenn.**
*4.* **Yma an woedh y'n park**

*5.* **Yma ev ow hwerthin.**
*6. The dog is by the fire.*
*7. The cat is in the garden.*
*8. She is in the house.*

*9. He is in Cornwall.*
*10. She is drinking.*

| Try to make up some of your own |
|---|

---

11

**#40 YMA/USI/EUS** can also be used to indicate an action with a present participle (these end in '*-ing*' in English e.g. eat*ing*, com*ing*, wait*ing*), formed in Cornish by the particle **OW** (causing a hard mutation *see page 54*) or **OWTH** before a vowel or 'h' + the verbal noun.

| Ensamplow | yma an den ow tybri *(the man is eating)* | ow tybri | *eating* | (from **dybri**) |
|---|---|---|---|---|
| | yma an maw ow kwari y'n lowarth | ow kwari | *playing* | (from **gwari**) |
| | yma an venyn ow mos dhe Logh | ow mos | *going* | |
| | usi tas *(father)* ow hwerthin ? | ow hwerthin | *laughing* | |
| | usi an vowes ow skrifa ? | ow skrifa | *writing* | |
| | nyns usi mamm *(mother)* **owth eva** | owth eva | *drinking* | |
| | nyns usi ev ow skrifa | | | |

---

**#41 OBER** *Translate the following questions and negatives (all definite) into Cornish and try some of your own.*

1. Usi Jori ow tos ?
2. Nyns usi hi y'n skol.
3. Usi hi ow kwari ?
4. Nyns usi an den y'n chi.
5. Usi an gath y'n gegin ?

6. *Mary isn't in bed.*
7. *Is she in the kitchen ?*
8. *He isn't playing.*
9. *Is he writing to me ?*
10. *She isn't eating.*

---

**#42** To understand further the difference between **USI** and **EUS**, note the following:

| **USI** = | is the ... ? | is he ... ? | | is she ... ? | is it ... ? |
|---|---|---|---|---|---|
| **EUS** = | is there a ... ? | is there any ... ? | | are there any ... ? | |

Both are used in *negative sentences* and *questions* to do with :

a) *where somebody or something is*          *(POSITION)*:

**Usi an karr ryb an chi ?**      Is the car by the house ?      *(definite subject)*

**Eus bara y'n gegin ?**      Is there any bread in the kitchen ?      *(indefinite subject)*

b) *what somebody or something is doing*      *(ACTION)*:

**Usi ev ow kwari ?**      Is he playing ?      *(definite subject)*

**Nyns eus tren ow tos.**      There is no train coming      *(indefinite subject)*

Remember too that **USI** and **EUS** are used in negative sentences or questions where they replace **YMA**.

---

**#43 OBER** *Translate the following questions and negatives (all indefinite) into Cornish.*

1. *Is there a book on the table ?*
2. *Is there a dog in the garden ?*
3. *There is no flag.*
4. *There is no pen in the bag.*
5. *Is there a car coming ?*

6. **Nyns eus korev.**
7. **Eus maw ow kwari y'n lowarth ?**
8. **Nyns eus bara omma.**
9. **Eus lowarth dhis ?**
10. **Eus gwedrenn y'n gegin ?**

> **When you are clear about** *YMA/USI/EUS* **make up some of your own sentences using the patterns above**

---

**#44 REDYANS** (**gerva** on next page): *read the passage aloud; translate into English then back into Cornish.*

Yma Jori y'n lowarth. Yma ev ow redya lyver nowydh. Lyver da yw ynwedh ha pes da yw Jori. Teg yw an gewer; yma an howl ow splanna y'n ebrenn. Yma tas Jori y'n lowarth ynwedh. Yma ev owth eva korev. Leun yw an wedrenn vras ha yeyn yw an korev. Lowen yw tas ynwedh. Piw eus ow tos lemmyn ? Yma Jenifer ow tos. Yw Jenifer lowen hedhyw ? Nag yw, nyns yw hi lowen. Drog pes yw hi. Yn-medh hi: "Ass owgh hwi diek ! Yma an lestri plos ow kortos y'n gegin !"

---

## #45 GERVA

| | | |
|---|---|---|
| **howl** *m sun* | **teg** *beautiful, fine* | **ow splanna** *shining* |
| **korev** *m beer* | **yeyn** *cold* | **ow redya** *reading* |
| **kewer** *f weather* | **diek** *lazy* | **ow kortos** *waiting* (from **gortos**) |
| **lestri** *p dishes* | **pes da** *content, happy* | **yn-medh** *says, said (in a quote)* |

---

## #46 OBER *Make complete sentences by taking one phrase from column 1 and one from column 2.*

| *koloven onan:* | *koloven dew:* | |
|---|---|---|
| | | **rev** *f oar* |
| | | **porth** *m port* |
| yma rev brenn | .... y'n ganstell | **amari** *m cupboard* |
| yma bleujenn deg | .... y'n porth | **seth** *m vase* |
| nyns eus bara nowydh | .... y'n seth | **bleujenn** *f flower* (**an vleujenn**) |
| nyns usi an gath wynn | .... y'n skath vyghan | **kath** *f cat* (**an gath**) |
| yma an gorhel bras | .... y'n amari | **skath** *f boat* |

---

## #47 YMA/USI/EUS + DHE *(to)* can be used to express the English verb '*to have*'. **DHE** causes a soft mutation to the following word.

**yma morthol dhe Jori** — *George has a hammer* (literally: *there is a hammer to George*)

**yma alhwedh dhe Varia** — *Mary has a key* (literally: *there is a key to Mary*)

**DHE** combines with *'me'*, *'you'*, *'him'* and so on as follows:

| | | |
|---|---|---|
| (1s) | **dhymm** | to me |
| (2s) | **dhis** | to you |
| (3sm) | **dhodho** | to him |
| (3sf) | **dhedhi** | to her |
| (1p) | **dhyn** | to us |
| (2p) | **dhywgh** | to you |
| (3p) | **dhedha** | to them |

**Ensamplow**

| | |
|---|---|
| **Yma ki dhymm.** | *I have a dog.* |
| **Eus karr dhis ?** | *Do you have a car ?* |
| **Nyns eus gwreg dhodho.** | *He does not have a wife.* |
| **Yma glawlenn dhedhi.** | *She has an umbrella.* |
| **Nyns eus ober dhyn.** | *We have no work.* |
| **Eus fleghes dhywgh ?** | *Do you have any children ?* |
| **Yma dew vroder dhedha.** | *They have two brothers.* |

yma glawlenn dhedhi

---

## #48 Note also the following questions and answers with **YMA/USI/EUS + DHE**. Complete the blank spaces.

| **govynn** *(question)* | **gorthyp 1** *(answer 1)* | **gorthyp 2** *(answer 2)* |
|---|---|---|
| Eus chi dhis ? | Eus, yma chi dhymm. | Nag eus, nyns eus chi dhymm. |
| Eus broder dhis ? | Eus, yma broder dhymm. | Nag eus, ... |
| Eus karr dhis ? | Eus, yma karr dhymm. | |
| Eus skath dhis ? | Eus, yma | Nag eus, nyns eus ... |
| Eus glawlenn dhis ? | | |
| Eus hwoer dhis ? | | |

> **Practise this pattern within your group, asking people whether they have various things, using words you have learnt.**

13

**#49** POSSESSIVES: to translate phrases such as *'the kitchen door'* or *'the dog's head'* into Cornish, it is first necessary to turn the phrase around: *'the door of the kitchen'*; *'the head of the dog'*. In Cornish these become:

**daras an gegin** (literally: *door the kitchen*);    **penn an ki** (literally: *head the dog*).

(Thus the first *'the'* and the *'of'* in English are omitted in Cornish.)

| **Ensamplow** | | | |
|---|---|---|---|
| **to an chi** | = | *the roof of the house* | |
| **alhwedh an karr** | = | *the car key* | |
| **kath an teylu** | = | *the family's cat* | |
| **mamm Jenifer** | = | *Jenifer's mother* | **alhwedh an chi** |

---

**#50 GERVA**

| | | |
|---|---|---|
| **goeles** *m bottom* | **alhwedh** *m key* | **lestrier** *m dresser* |
| **nans** *m valley* | **to** *m roof* | **tas** *m father* |
| **dornla** *m handle* | **kok** *m fishing boat* | **broder** *m brother* |
| **daras** *m door* | **pyskador** *m fisherman* | **mamm** *f mother* |

---

**#51** *Sort out the following 'heads' and 'tails' to make sensible phrases.*

| **PENN** *(head)* | **LOST** *(tail)* | **GORTHYP** *(answer)* |
|---|---|---|
| goeles | an gegin | 1. goeles an . . . . |
| dornla | an vowes | 2. dornla an . . . . . |
| kok | an nans | 3. kok an . . . . . . . |
| lestrier | an pyskador | 4. lestrier an . . . . . |
| kath | an daras | 5. . . . . . . . . . . . |

---

**#52** POSSESSIVE ADJECTIVES.

| | | | | | |
|---|---|---|---|---|---|
| (1s) | **ow** | *my* | (1p) | **agan** | *our* |
| (2s) | **dha** | *your* | (2p) | **agas** | *your* |
| (3sm) | **y** | *his* | (3p) | **aga** | *their* |
| (3sf) | **hy** | *her* | | | |

**Ensamplow**

| | |
|---|---|
| **ow lyver** *my book;* | **agan chi** *our house;* |
| **dha lowarth** *your garden;* | **agas mamm** *your mother;* |
| **y hwoer** *his sister;* | **aga alhwedh** *their key.* |
| **hy broder** *her brother;* | |

**DHA** and **Y** are followed by the soft mutation (second state, see **#11** for revision).

Examples:   **DHA DAS** *(your father)*;    **DHA GI** *(your dog)*;    **DHA WELI** *(your bed)*;
             **Y VAMM** *(his mother)*;    **Y BLUVENN** *(his pen)*;    **Y VANER** *(his flag).*

**OW, HY** and **AGA** put the following word into the third state (also known as a breathed or spirant mutation). This affects initial letters K, P and T only.

| | | | | |
|---|---|---|---|---|
| initial letter | K* | P | T | (*but not Kl, Kn or Kr) |
| after breathed mutation | **H** | **F** | **TH** | |

Examples:   **OW HI** *(my dog)*;    **OW FENN** *(my head)*;    **OW THAS** *(my father)*;
             **HY HATH** *(her cat)*;    **HY FLUVENN** *(her pen)*;    **HY THIGENN** *(her bag)*;
             **AGA THAN** *(their fire)*;    **AGA HEGIN** *(their kitchen)*;    **AGA FAPER** *(their paper)*;

**AGAN** and **AGAS** cause no mutations to following words.

Examples:   **AGAN TEYLU** *(our family)*;  **AGAN KOK** *(our boat)*;    **AGAN KEGIN** *(our kitchen)*;
             **AGAS MAB** *(your son)*;    **AGAS GOEDH** *(your goose)*;  **AGAS BARA** *(your bread).*

---

**Try some examples of your own to practise these, taking particular care with the mutations**

---

**#53 OBER** *Complete the following sentences, mutating the noun after the possessive adjective as appropriate.*

| | |
|---|---|
| 1. His chair is broken. | **Terrys yw . . . . . .** |
| 2. My pen is on the table. | **Yma . . . . . . . . war an . . . .** |
| 3. Your brother is in the kitchen. | **Yma . . . . . . . . . . y'n . . . . .** |
| 4. Our car is old. | **Koth yw . . . . . . . .** |
| 5. Their family is in Wales. | **Yma . . . . . . . . . yn Kembra.** |

> Practise these changes with other words you have come across

---

# #54 MAPPA AN BROYOW KELTEK

**Alban**
**Breten Vyghan**
**Iwerdhon**
**Kembra**
**Kernow**
**Manow**

## MAPPA KERNOW

*A list of the Cornish forms of the names of some towns is given below. Find out which towns they are and mark them on the map.*

| | |
|---|---|
| **Aberfal** | **Pennsans** |
| **Bosvenegh** | **Porthia** |
| **Essa** | **Rysrudh** |
| **Fowydh** | **Sen Ostell** |
| **Hellys** | **Tewynn Pleustri** |
| **Heyl** | **Truru** |
| **Kammbronn** | |
| **Lannstefan** | |
| **Logh** | |
| **Lyskerrys** | |

> Compile a list of other place-names in Cornish, for example those you find in *An Gannas*

## #55 AN TEYLU

| tas | mamm *(an vamm)* | myrgh *(an vyrgh)* | mab |
|---|---|---|---|

Jori *(40 bloedh)*   Jenifer *(40 bloedh)*   Morwenna *(15 bloedh)*   Ervan *(11 bloedh)*

Piw yw tas an teylu ?        Jori yw tas an teylu.
Piw yw mamm Ervan ?         Jenifer yw y vamm. (Jenifer yw mamm Ervan.)
Piw yw gwreg Jori ?         Jenifer yw gwreg Jori. (Jenifer yw y wreg.)
Piw yw broder Morwenna ?    Ervan yw hy broder. (Ervan yw broder Morwenna.)
Pes bloedh yw Jenifer ?     Dew-ugens bloedh yw hi.
Pes bloedh yw Morwenna ?    Pymthek bloedh yw hi.
Pes bloedh yw Ervan ?       Unnek bloedh yw ev.
Pes bloedh yw Jori ?        Dew-ugens bloedh yw ev.

*Dew-ugens bloedh ov vy*

*Jenifer yw ow mamm*   *Pymthek bloedh ov vy*

*Jori yw ow gour*

*Morwenna yw ow hwoer*

> For a full list of numbers to give other people's ages see #101/102

---

## #56 PLE'TH OS TA TRIGYS ?
*Where do you live ?*

*Trigys ov vy yn Stret an Eglos*

*Trigys ov vy yn Fordh an Gorsav*

*Trigys on ni y'n Vownder Goth*

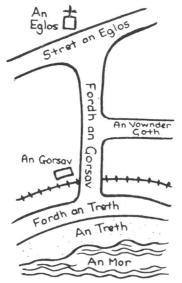

An Eglos
Stret an Eglos
Fordh an Gorsav
An Vownder Goth
An Gorsav
Fordh an Treth
An Treth
An Mor

**HA TY, PIW OS TA ?**
. . . . . . . . . . OV VY

**PES BLOEDH OS TA ?**
. . . . BLOEDH OV VY

## PLE'TH YNS I TRIGYS ?
*Where do they live ?*

*Trigys yw ev yn*
. . . . . . . . .

*Trigys . . . . . yn Stret . . . . . . .*

*Trigys . . . . . y'n*
. . . . . . .

**PLE'TH OS TA TRIGYS ?**
**TRIGYS OV VY YN** . . . . . . .

**#57 BOS** *(to be)* We have already met the so-called **short form** of BOS. The short form is used with a *noun* or an *adjective* as its complement e.g. **STUDHYER OV VY** *(I am a student)*; **KOTH YNS I** *(They are old)*. See section #30 for a full conjugation.

We have also met **YMA/USI/EUS** (see #38, 40, 42) which are used when *position* is indicated or with a *present participle* (see #40), e.g. **YMA EV Y'N SKOL** *(He is in the school)*; **YMA HI OW KWARI** *(She is playing)*. **YMA/USI/EUS** are parts of the **long form** of BOS whose full conjugation is shown below.

|       | statement |  | negative |  | question |  |
|-------|-----------|--|----------|--|----------|--|
| (1s)  | **Yth esov vy** | *I am* | **Nyns esov vy** | *I am not* | **Esov vy ?** | *Am I ?* |
| (2s)  | **Yth esos ta** | *You are* | **Nyns esos ta** | *You are not* | **Esos ta ?** | *Are you ?* |
| (3sm) | **Yma ev** | *He/it is* | **Nyns usi ev** | *He/it isn't* | **Usi ev ?** | *Is he/it ?* |
| (3sf) | **Yma hi** | *She/it is* | **Nyns usi hi** | *She/it isn't* | **Usi hi ?** | *Is she/it ?* |
| (1p)  | **Yth eson ni** | *We are* | **Nyns eson ni** | *We are not* | **Eson ni ?** | *Are we ?* |
| (2p)  | **Yth esowgh hwi** | *You are* | **Nyns esowgh hwi** | *You are not* | **Esowgh hwi ?** | *Are you ?* |
| (3p)  | **Ymons i** | *They are* | **Nyns esons i** | *They are not* | **Esons i ?** | *Are they ?* |

You can take any one of the parts shown above and add a *phrase of position* or a *present participle* to make a Cornish sentence, for example:

| **Yth esov vy** | **y'n lowarth;** | **y'n gegin;** | **yn gweli;** | **ryb an pons;** | **ow redya;** | **ow mos;** |
|---|---|---|---|---|---|---|
| *I am* | *in the garden;* | *in the kitchen;* | *in bed;* | *by the bridge;* | *reading;* | *going.* |
| **Nyns esons i** | **war an to;** | **y'n skol;** | **y'n skath;** | **ow koska;** | **owth eva;** | **ow hwerthin;** |
| *They are not* | *on the roof;* | *in the school;* | *in the boat;* | *sleeping;* | *drinking;* | *laughing.* |

**YMA** is also used with any noun subject, singular or plural, e.g.

| **Yma an gath yn-dann an gweli** | The cat is under the bed. |
|---|---|
| **Yma an fleghes y'n skol.** | The children are in the school. |
| **Yma Jori ha Maria y'n lowarth.** | George and Mary are in the garden. |

---

**#58 GERVA**

| **glesin** *m* | **glyb** | **sygh** | **ple ?** | **ple'ma ?** | **war** |
|---|---|---|---|---|---|
| *lawn* | *wet* | *dry* | *where ?* | *where is/are ?* | *on* |

---

**#59 KESKOWS (Yntra mamm ha mab)**

| Mamm: | Yowann, ple'th esos ta ? Esos ta y'n gegin ? |
|---|---|
| Mab: | Nag esov. Yth esov vy y'n lowarth, mamm. |
| Mamm: | Ha Maria, usi hi y'n lòwarth genes ynwedh ? |
| Mab: | Usi, yma hi y'n lowarth genev. |
| Mamm: | Esowgh hwi war an glesin ? An glesin yw glyb, pur lyb. |
| Mab: | Nag eson, mamm. Nyns eson ni war an glesin. Yth eson ni y'n wydhenn. |
| Mamm: | Y'n wydhenn yth esowgh ! Ass owgh hwi drog ! |
| Mab: | Nag on, mamm, nyns on ni drog. Nyns yw glyb an wydhenn ma. Gwydhenn sygh yw, mamm. |

---

**#60 OBER** *From the **KESKOWS** above (#59), try to pick out the occurrences and uses of the **long** and **short** forms of BOS. Explain why each form is used in each instance. When you are clear about these points, make up some sentences, questions and negatives based on the patterns above.*

---

**#61** *Note the following usages, and make some similar phrases by substituting different vocabulary.*

| **Pyth esos ta ow kul ?** | **Yth esov vy ow tybri.** | **Ple'th esos ta ow mos ?** | **Yth esov vy ow mos dhe'n dre.** |
|---|---|---|---|
| *What are you doing ?* | *I am eating.* | *Where are you going ?* | *I am going to town.* |

---

**#62 Y'N CHI**  *Use the examples from #62-65 to practise the* **long** *form of* **BOS**. *Make sure you know when to use the* **long** *form and when to use the* **short** *form.*

Yma an karr
y'n karrji.

Yma gwydhenn
y'n lowarth.

Yma gweli
y'n chambour.

Yma forn y'n
gegin.

Yma an
pellgowser y'n
hel.

Yma kibell
y'n stevell-
omwolghi.

Yma an
bellwolok
y'n esedhva.

karrji

lowarth

chambour  kegin

stevell-omwolghi

stevell-dhybri  hel

esedhva

chambour

**GERVA**

| moes | kador | pellgowser | pellwolok | forn | gweli | gwydhenn | kibell |
|------|-------|-----------|-----------|------|-------|----------|--------|
| *table* | *chair* | *telephone* | *television* | *oven* | *bed* | *tree* | *bath* |

check the genders
in the back of the
book, pages 55-59

---

**#63 BOS** *(long form). Fill in the blanks.*

Ple'ma Maria ?
*Where is Maria ?*

Pyth usi hi ow kul ?
*What is she doing ?*

Yma hi y'n esedhva;
yma hi ow mires orth
an bellwolok.

Ple'ma Peder ?

Pyth usi ev ow kul ?

Yma ev . ' . gegin; yma
ev ow pareusi hanaf a
goffi.

Ple'ma Jenifer ?

. . . . usi hi ow kul ?

Yma hi y'n lowarth;
yma .. . .. palas.

Ple'ma Jori ?

Pyth usi .. ow kul ?

. . . ev y'n stevell-
dhybri; ... .. ow
tybri.

Ple'ma Morwenna ?

Pyth usi .. ow kul ?

Yma .. y'n stevell-
omwolghi; ... hi owth
omwolghi.

Ple'ma Ervan ?

Pyth usi ev .. ... ?

... '.. .'n hel; ... ev
ow pellgewsel.

...'.. Eva ?

.... ... .. ow kul ?

... .. y'n .......;
yma hi ow koska yn
gweli.

**#64** *Now imagine that you have just come into the house and want to know where everyone is.  You must ask:*

**Ple'th esos ta ?** *(where are you ?)*          **Pyth esos ta ow kul ?** *(What are you doing ?)*

Peder, ple'th esos ta ?
Pyth esos ta ow kul ?

Yth esov vy y'n gegin; yth esov vy ow pareusi hanaf a goffi.

Jenifer, ple'th esos ta ?
Pyth esos ta ow kul ?

Yth esov vy y'n .......; yth esov vy .. palas.

Morwenna, ple'th esos ta ?
Pyth esos ta ow kul ?

Yth esov vy y'n gibell. Yth .... .. owth omwolghi.

Ervan, ple'th .... ..?
Pyth .... .. .. .. ...?

Yth .... .. y'n hel; yth esov vy ow ..........

Maria, ple' .. .... ..?
Pyth .... .. .... ..?

Yth .... .. y'n .......; yth .... .. ow ..... orth an bellwolok.

Jori,...'.. .... ..?
.... .... .... ...?

... .... .. y'n .......-dhybri; yth esov .. ow .....

Ha ty, Eva, ple'th esos ta ?

Nyns eus gorthyp. Yma hi y'n chambour yn gweli. Yma hi ow koska.

---

**#65 GOVYNNADOW ERELL**          *(some other questions)*

| | |
|---|---|
| Usi Jenifer ow palas ? | Usi, yma hi ow palas. |
| Usi Eva ow koska ? | Usi, yma hi ow koska. |
| Usi Ervan ow koska ? | Nag usi, nyns usi ev ow koska. Yma ev ow pellgewsel. |
| Usi Peder ow palas ? | Nag usi, nyns usi ev ow palas. Yma ev ow pareusi hanaf a goffi y'n gegin. |
| Esos ta ow koska ? | Esov, yth esov vy ow koska. |
| Esos ta ow tybri ? | Nag esov, nyns esov vy ow tybri. Yth esov vy ow mires orth an bellwolok. |
| Esos ta ow palas ? | Esov, yth esov vy ow palas y'n lowarth. |
| Esos ta y'n gegin ? | Nag esov. Yth esov vy y'n stevell-omwolghi. |

**#66 REDYANS** *(for new words see* **GERVA** *#67 below).*

Ottomma Mestres Penngelli gans hy mab Peder. Ymons i y'n esedhva ow kortos kinyow. Pyth usi Peder ow kul ? Yma ev ow redya an paper-nowodhow. Mes ple'ma y hwoer, Maria ? Usi hi y'n stevell ? Nag usi; yma hi y'n gegin gans hy thas. Ymons i ow pareusi boes ena. Piw eus war an leur ? Yma an ki ena. Yma ev ow koska a-rag an tan. Ha ple'ma Mestres Penngelli ? Pyth usi hi ow kul ? Yma hi a'y esedh yn hy hador-vregh ow mires orth an bellwolok. Pur skwith yw hi wosa oberi oll an jydh.

---

**#67 GERVA**

| | | |
|---|---|---|
| **esedhva** *f sitting room* | **boes** *m food* | **ow mires orth** *looking at* |
| **pellwolok** *f television* | **kador-vregh** *f armchair* | **ow pareusi** *preparing* |
| **kinyow** *m dinner* | **wosa** *after* | **ow koska** *sleeping* |
| **nowodhow** *p news* | **ena** *there* | **ow kul** *doing* (from **gul** *to do*) |
| **stevell** *f room* | **oberi** *to work* | **owth oberi** *working* |
| **leur** *m floor* | **dres** *through* | **a'y esedh** *(3s) seated* |
| **dydh** *m day* (**an jydh**) | **skwith** *tired* | **a-rag** *in front of* |

---

**#68 OBER** *Using the* **GERVA** *(#67) and the word list at the back of the book, label the things shown in the drawing below. Note the gender of each word and its plural. Try to use some of the vocabulary in sentences of your own.*

## #69 YSTYNNANS    AMMETH    AN BARGEN-TIR
*extension*       *agriculture*      *the farm*

Ottomma den >

Piw yw an den ma ?
Mester Peder Angov yw ev.
Ha pyth yw ev ?
Tiek yw ev. Den tew ha krev yw ev.

Hag ottomma benyn.
Piw yw hi ?
Mestres Roslan Angov yw hi.
Tioges yw hi ha gwreg Peder.
Gour ha gwreg yns i.

This section (#69-74) gives further examples of the use of long and short forms of *BOS* to clarify the different circumstances of their use. Some new vocabulary is introduced but no new grammatical points. Read through, identify the different forms and note why they occur.

Hag ottomma tri flogh. Piw yns i ?
Fleghes Mester ha Mestres Angov yns i.
Pyran yw ugens (20) bloedh.

*Pyran*

*Lowena*

Mighal yw trydhek (13) bloedh.

Lowena yw hwetek (16) bloedh.

Yma flogh arall y'n teylu Angov ynwedh. Yowynk yw ev.
Wella yw y hanow. Otta ev.

*Mighal*

Yma bargen-tir dhe'n teylu Angov.
Ottomma mappa aga bargen-tir.
An tir yw desedhys ynter an avon ha'n woen.

*Wella*

## #70 GERVA

**bargen-tir** *m farm*
**tiek** *m farmer*
**gour** *m husband*
**hanow** *m name*
**arall** *(an)other*
**avon** *f river*
**tir** *m land*
**bowji** *m cowshed*
**krev** *strong*
**tioges** *f farmer's wife* (**an dioges**)
**gwreg** *f wife* (**an wreg**)
**flogh** *m child* **fleghes** *p children*
**bloedh** *years of age*
**desedhys** *situated*
**goen** *f moor* (**an woen**)
**skiber** *f barn*

### MAPPA AN BARGEN-TIR

GERVA: **fenten** *f spring*; **melin** *f mill*; **pras** *m meadow*; **park** *m field*; **pell** *distant*.

**#71 REDYANS** Y'n bargen-tir yma lies enyval. Y'n park byghan yma deg (10) hogh. Y'n pras ryb an avon yma ugens (20) bugh. Y'n woen bell yma tri-ugens davas. Y'n garth ryb an chi yma ugens (20) yar.

Ottomma chi an teylu:

Chi an teylu Angov yw hemma. Ryb an chi yma krow. Ynwedh yma garth ena. Y'n garth yma skiber ha bowji. Koth yw an bowji ha hir yw an skiber.

---

**#72 GOVYNNADOW**          **GORTHYBOW**                              *(s)*          *(p)*

Ple'ma an hoghes ?          Y'n park byghan yma an hoghes.          hogh     hoghes
Ple'ma an bughes ?          Y'n pras yma an bughes.                 bugh     bughes
Ple'ma an deves ?           Y'n woen bell yma an deves.             davas    deves
Ple'ma an yer ?             Y'n garth yma an yer.                   yar      yer
Ple'ma an fleghes ?         Y'n chi yma an fleghes.                 flogh    fleghes

**GERVA:**  **enyval** *m*      **park** *m*      **pras** *m*      **garth** *m*      **lies**
            *animal*            *field*           *meadow*          *yard*             *many*     *(with a singular noun)*

---

**#73** Ple'ma eseli an teylu Angov hedhyw ?
Wel, nyns usi Pyran y'n chi. Yma ev yn
Park an Velin. Ha pyth usi ev ow kul ena ?
Yma ev owth aras. Yma jynn-tenna ganso.

*ow lywya jynn-tenna*

Ha Mester Angov ple'ma ev ? Nyns usi ev
tre namoy. Yma ev y'n dre dhe'n varghas
rag gwertha pymp bugh.

*kanstell leun
a oyow*

Yma Lowena y'n skiber. Yma hi ow
kuntell oyow yn kanstell vras. Ha ple'ma
Mighal ? Yma ev y'n bowji gans an
bughes. Yma ev ow kodra an bughes
rag kavoes leth.

*ow kodra bugh*

---

**#74 GERVA**  **owth aras** *ploughing*          **jynn-tenna** *m tractor*      **gweli** *m bed*
               **ow kodra** *milking* (from **godra**)   **marghas** *f market*         **tre** *(at) home*
               **ow kuntell** *collecting*         **kanstell** *f basket*         **y'n dre** *in town*
               **oy** *m egg* (p **oyow**)          **leth** *m milk*               **gwertha** *to sell*
               **eseli** *p members*               **kavoes** *(to) get, find*     **rag** *for, in order to*

---

**#75 BOS** *(to be)* Summary of conjugation and uses of long and short forms.

a) **Long form** is used with **position** (adverbial phrases) and **action** (present participle):

|  | statement |  | negative |  | question |  |
|---|---|---|---|---|---|---|
| (1s) | **Yth esov vy** | *I am* | **Nyns esov vy** | *I am not* | **Esov vy ?** | *Am I ?* |
| (2s) | **Yth esos ta** | *You are* | **Nyns esos ta** | *You are not* | **Esos ta ?** | *Are you ?* |
| (3sm) | **Yma ev** | *He/it is* | **Nyns usi ev** | *He/it isn't* | **Usi ev ?** | *Is he/it ?* |
| (3sf) | **Yma hi** | *She/it is* | **Nyns usi hi** | *She/it isn't* | **Usi hi ?** | *Is she/it ?* |
| (1p) | **Yth eson ni** | *We are* | **Nyns eson ni** | *We are not* | **Eson ni ?** | *Are we ?* |
| (2p) | **Yth esowgh hwi** | *You are* | **Nyns esowgh hwi** | *You are not* | **Esowgh hwi ?** | *Are you ?* |
| (3p) | **Ymons i** | *They are* | **Nyns esons i** | *They are not* | **Esons i ?** | *Are they ?* |

b) **Short form** is used with **descriptions** (nouns and adjectives):

|  | statement |  | negative |  | question |  |
|---|---|---|---|---|---|---|
| (1s) | **Yth ov vy** | *I am* | **Nyns ov vy** | *I am not* | **Ov vy ?** | *Am I ?* |
| (2s) | **Yth os ta** | *You are* | **Nyns os ta** | *You are not* | **Os ta ?** | *Are you ?* |
| (3sm) | **Yth yw ev** | *He/it is* | **Nyns yw ev** | *He/it isn't* | **Yw ev ?** | *Is he/it ?* |
| (3sf) | **Yth yw hi** | *She/it is* | **Nyns yw hi** | *She/it isn't* | **Yw hi ?** | *Is she/it ?* |
| (1p) | **Yth on ni** | *We are* | **Nyns on ni** | *We are not* | **On ni ?** | *Are we ?* |
| (2p) | **Yth owgh hwi** | *You are* | **Nyns owgh hwi** | *You are not* | **Owgh hwi ?** | *Are you ?* |
| (3p) | **Yth yns i** | *They are* | **Nyns yns i** | *They are not* | **Yns i ?** | *Are they ?* |

---

**#76 OBER  Ensamplow dhe dreylya** *(examples to translate)*.

**HIR** *(long)*

Yth esov vy y'n chi.
Usi hi ryb an daras ?
Esos ta y'n lowarth ?
Usi ev war an gweli ?
Nyns eson ni y'n skol.
Ymons i ow tybri.
*He is by the boat.*
*They are on the table.*
*Is she on the beach ?*
*Are you behind the car ?*
*I am not in the garden.*
*We are not in the house.*

**BERR** *(short)*

Toemm ov vy.
Dyskadores yw hi.
Os ta skwith ?
Yw ev tiek ?
Nyns on ni lowen.
Yowynk yns i.
*He is old.*
*They are cold.*
*Is she a doctor ?*
*Are you a miner ?*
*I am not a farmer.*
*We are not tired.*

---

**#77** Note that **YMA** with an indefinite subject means *'there is/there are'*, with **NYNS EUS** being the negative form. The question form is **EUS**, and this can mean *'is there a .. ?'*, *'are there any .. ?'* with the answer of **EUS** for *'yes'* and **NAG EUS** for *'no'*.

**Ensamplow**    Nyns eus keus *(cheese)* omma
Eus gorhel y'n porth ?
Yma tigenn war an gador.
Yma ki y'n lowarth.
Nyns eus karr dhedha.
*There is a pen on the table.*
*Are there any children in the field ?*
*There isn't any bread in the cupboard.*
*There are two men at (**orth**) the door.*
*Have you got a brother ? (Is there a brother to you ?)*

Eus bara y'n amari ?
Eus, yma bara omma.

## #79 REDYANS  AN SOEDHVA

Ottomma benyn. Yma hi owth oberi yn hy soedhva. Jenifer Klemo yw hy hanow. Benyn yowynk yw hi ha lowen yn hy ober. Perghenn an soedhva yw Mester George Smith mes an rewler yw Androw Pollglas.

Jenifer yw skrifennyades. Yma kador vras ha koth dhedhi ha desk ynwedh. Pyth eus war an desk ? Yma jynn-skrifa, pellgowser, lugarn ha dew seth ena. Yma teyr fluvenn y'n kynsa seth ha bleujennow y'n seth arall.

Yma pluvenn yn hy dorn deghow hag yma hi ow skrifa notennow gans an bluvenn war folenn paper. Y'n dorn arall, yma hi ow synsi an pellgowser. Usi hi ow kewsel y'n pols ma ? Nag usi;  nyns usi hi ow kewsel. Yma hi ow koslowes ha skrifa.

### GERVA

**soedhva**  *f office*
**perghenn**  *m owner*
**rewler**  *m manager*
**skrifennyades**  *f secretary*
**jynn-amontya**  *m computer*
**ober**  *m work*
**dorn**  *m hand*
**kynsa**  *first*
**deghow**  *right (hand)*

### Verbow

| | | | | |
|---|---|---|---|---|
| **synsi** | *to hold* | > | **ow synsi** | *holding* |
| **oberi** | *to work* | > | **owth oberi** | *working* |
| **goslowes (orth)** | *to listen (to)* | > | **ow koslowes** | *listening* |
| **kewsel (orth)** | *to speak (to)* | > | **ow kewsel** | *speaking* |
| **skrifa (dhe)** | *to write (to)* | > | **ow skrifa** | *writing* |

## #80 NEBES GOVYNNADOW

**govynn** *(look at the drawing on page 24)*     **gorthyp** *(try not to look at the answers first)*

| govynn | gorthyp |
|---|---|
| Ple'ma Jenifer ? | Yma hi y'n soedhva. |
| Ple'ma an bleujennow ? | Ymons i y'n seth. |
| Ple'ma an jynn-skrifa ? | Yma an jynn-skrifa war an voes. |
| Ple'ma an lugarn ? | Yma an lugarn ryb an seth. |
| Eus pluvenn dhe Jenifer ? | Eus, yma pluvenn dhedhi. |
| Eus euryor dhedhi ? | Eus, yma euryor dhedhi. |
| Eus gwivrenn dhe'n pellgowser ? | Eus, yma gwivrenn dhodho. |
| Eus dewweder dhe Jenifer ? | Nag eus, nyns eus dewweder dhedhi. |
| Yw Jenifer benyn goth ? | Nag yw, nyns yw hi koth. |
| Yw hi lowen ? | Yw, lowen yw hi. |
| Yw hi skwith ? | Nag yw, nyns yw hi skwith. |
| Yw hi kernewek ? | Yw, kernewek yw hi. |
| Eus bleujennow y'n seth ? | Eus, yma bleujennow y'n seth. |
| Eus stampow ryb an maylyer ? | Eus, yma stampow ryb an maylyer. |
| Eus tigenn war an voes ? | Nag eus, nyns eus tigenn war an voes. |
| Eus klokk y'n soedhva ? | Nag eus, nyns eus klokk y'n soedhva. |
| Usi Jenifer ow skrifa ? | Usi, yma hi ow skrifa. |
| Usi hi ow pellgewsel ? | Usi, yma hi ow pellgewsel. |
| Usi hi ow tybri ? | Nag usi, nyns usi hi ow tybri. |
| Usi hi ow jynnskrifa ? | Nag usi, nyns usi hi ow jynnskrifa. |

## #81 GERVA

lugarn     pellgowser     maylyer     dewweder     gwivrenn     seth

jynn-skrifa     krys     gols     euryor     dorn     stampow     bleujennow

## #82 LIWYOW   *Colour the picture (page 24) using these colours (look up meanings at the back of the book):*

| melyn | rudh | glas | gwyrdh | du | gell | loes | gwynn |
|---|---|---|---|---|---|---|---|
| | | | | | | | |

*Then practise asking what colour each item is by saying* **PY LIW YW AN ... ?** *(what colour is the ... ?), e.g.*

Py liw yw an pellgowser ?  
Py liw yw an lugarn ?  
Py liw yw an gador ?  
Py liw yw gols Jenifer ?  
Py liw yw an bleujennow ?  
Py liw yw krys Jenifer ?

(gywnn) yw an pellgowser.  
..... yw an lugarn.

> **notenn:** in Cornish *GLAS* is used for living things such as trees, leaves etc. when English would use green.

**#83** *The auxiliary verb* **MYNNES** *(to want, to wish, to intend, to mean to).*

**MYNNES** is one of the so-called auxiliary verbs because it is used with other verbs to help complete the sense of the phrase, e.g. *I want to eat*; *they intend to go*.

The easiest way to express such phrases in Cornish is to use a **nominal sentence**. Here a noun or pronoun (I, you, she, we etc.) comes first and is linked to the verb by the particle **A**. If the noun or pronoun is the subject (the person doing the action) the verb does not change. This is simple, as shown below:

|  | subject + | **a vynn** | + | another verb (verbal noun) |  |
|---|---|---|---|---|---|
| (1s) | **my** | a vynn | | skrifa | *(I want to write)* |
| (2s) | **ty** | a vynn | | dybri | *(you want to eat)* |
| (3sm) | ev | a vynn | | koska | *(he wants to sleep)* |
| (3sf) | hi | a vynn | | oberi | *(she wants to work)* |
| (1p) | ni | a vynn | | mos | *(we want to go)* |
| (2p) | hwi | a vynn | | gwari | *(you want to play)* |
| (3p) | i | a vynn | | eva | *(they want to drink)* |

---

**#84 OBER** *Use the above pattern to translate the following.*

**GERVA**
**te** *m tea*
**koffi** *m coffee*
**dhe'n** *to the*
**treth** *m beach*

1. She wants to write a new book.
2. He wants to drink tea but **(mes)** they want to drink coffee.
3. You want to eat bread and cheese.
4. I want to go to the beach.
5. We want to play in the garden.

> **notenn:** *the subject of these verbs can also be a noun, e.g.*
> **Maria a vynn skrifa;**
> **an den a vynn eva;**
> **Jori ha Jenifer a vynn mos dhe'n treth.**

---

**#85** Unfortunately, the nominal sentence (sometimes known as the impersonal form) can only be used in statements. In negatives and in questions, a **verbal sentence** must be used. Here the verb comes first and has an ending to show the person doing the action. A pronoun or noun can follow. (If the subject noun is plural the verb remains singular and does not change.) Below, the *stem* of the verb, **MYNN**, has an *ending* added to show which person is doing the wanting, as shown in the column marked unmutated and in italics.

|  | unmutated | negative | question |
|---|---|---|---|
| (1s) | **mynn***av* | ny vynnav vy *I don't want* | a vynnav vy ? *do I want ?* |
| (2s) | **mynn***ydh* | ny vynnydh ta* *you don't want* | a vynnydh ta ? *do you want ?* |
| (3sm) | **mynn** | ny vynn ev *he doesn't want* | a vynn ev ? *does he want ?* |
| (3sf) | **mynn** | ny vynn hi *she doesn't want* | a vynn hi ? *does she want ?* |
| (1p) | **mynn***yn* | ny vynnyn ni *we don't want* | a vynnyn ni ? *do we want ?* |
| (2p) | **mynn***owgh* | ny vynnowgh hwi *you don't want* | a vynnowgh hwi ? *do you want ?* |
| (3p) | **mynn***ons* | ny vynnons i *they don't want* | a vynnons i ? *do they want ?* |

*\*the 'you' (s) forms often contract to* **ny vynn'ta** *and* **a vynn'ta ?**

*note 1.* The enclitic (**vy, ta, ev, hi, ni, hwi, i***)* are not strictly speaking necessary but can help clarity.

*note 2.* The unmutated form is used as the answer to a question if the answer is *'yes'*, e.g.

| A vynnons i dos ? | **Mynnons.** | A vynnowgh hwi dybri ? | **Mynnyn.** | A vynn'ta mos ? | **Mynnav.** |
|---|---|---|---|---|---|
| *Do they want to come ? Yes.* | | *Do you want to eat?* | *Yes.* | *Do you want to go ?* | *Yes.* |

*note 3.* The *'no'* answers to the same questions would be: **Na vynnons. Na vynnyn. Na vynnav.**

*note 4.* The particles **ny** (negative), **a** (question) and **na** (negative answer) are all followed by soft mutation (**m>v**).

*note 5.* **My a vynn gortos.** *(I want to stay)* = nominal sentence (statement);
**Ny vynnav vy gortos.** *(I don't want to stay)* = verbal sentence (negative);
**A vynnav vy gortos ?** *(Do I want to stay ?)* = verbal sentence (question).

## #86 GERVA

| | | |
|---|---|---|
| **syghes** *m thirst* | **yma syghes dhymm** *I am thirsty* | |
| **nown** *m hunger* | **yma nown dhodho** *he is hungry* | |
| **boes** *m food* | **da yw genev** *I like* | |
| **brithel** *m mackerel* | **gwell** *better* | |
| **ober** *m work* | **gwell yw genev** *I prefer* | |
| **kinyow** *m dinner* | **an gwella** *the best* | |
| **pysk** *m fish* | **a ny yll'ta ?** *can't you ?* | |
| **py ?** *what ? which ?* | **res yw dhymm** *I must* | |
| **py boes ?** *what food ?* | **res yw dhis** *you must* | |
| **gortos** *to wait* (**ow kortos**) | **ty a woer** *you know* | |
| **dybri** *to eat* (**ow tybri**) | **meur a** *a lot of* (with plural noun) | |
| **pols** *m moment* | **pandra ?** *what* (with verb) | |

**#88 gans** (with) *This combines with pronouns as follows:*

| | |
|---|---|
| **genev** | *with me* |
| **genes** | *with you* (s) |
| **ganso** | *with him/it* |
| **gensi** | *with her/it* |
| **genen** | *with us* |
| **genowgh** | *with you* (p) |
| **gansa** | *with them* |

## #87 KESKOWS

| | |
|---|---|
| Mab: | Mamm, yma syghes dhymm. |
| Mamm: | A ny yll'ta gortos pols ? |
| Mab: | Ny vynnav gortos, mamm. |
| Mamm: | Wel, res yw dhis gortos. Yma meur a ober dhymm. |
| Mab: | Mamm, yma nown dhymm ynwedh. Yma nown bras dhymm. My a vynn dybri. |
| Mamm: | Pandr'a vynn'ta dhe dhybri, ytho ? Py boes yw gwell genes ? |
| Mab: | Ty a woer, mamm. Gwell yw genev dybri pysk. |
| Mamm: | Wel, taw taves, ytho. Ottomma dha ginyow. |
| Mab: | Splann ! Brithel ! Da yw genev dybri pysk, mes brithel yw an gwella oll. |

## #89 GERVA

| | | |
|---|---|---|
| **gweles** *to see* | **euthek** *horrible* | **heb mar** *without doubt* |
| **fylm** *m film* | **dhe wir ?** *really ?* | **triga** *to live* |
| **haneth** *tonight* | **prag ?** *why ?* | **dell yw** *as it is* |
| **hanow** *m name* | **leun a** *full of* | **dell grysav** *(as) I believe* |
| **euth** *m horror* | **goes** *m blood* | **edhen** *f bird* |
| **py par ?** *what sort of ?* | **a'n par na** *of that sort* | **ydhyn** *p birds* |

## #90 KESKOWS

| | |
|---|---|
| Gour: | My a vynn mos dhe weles an fylm haneth. A vynn'ta dos genev ? |
| Gwreg: | Py fylm yw henna ? |
| Gour: | Hanow an fylm yw 'An Ydhyn'. |
| Gwreg: | Py par fylm yw henna ? |
| Gour: | Fylm pur dha yw, dell grysav. Fylm euth ynwedh ! |
| Gwreg: | Ogh, ny vynnav dos genes. |
| Gour: | Dhe wir ? A ny vynn'ta dos ? Prag ? |
| Gwreg: | Prag ? Wel, ny vynnav gweles fylm a'n par na, leun a woes dell yw heb mar. |
| | Triga genes yw euthek lowr, meur ras ! |

**#91** The auxiliary verb **GALLOES** *(to be able*, often expressed by *'can'* in English) follows the same basic pattern and rules as **MYNNES** (see notes **#85**). Forms of the **nominal sentence**, in which the verb follows the subject and does not show the personal endings are:

|       | subject + | a yll + | another verb (verbal noun) |                        |
|-------|-----------|---------|----------------------------|------------------------|
| (1s)  | my        | a yll   | gweles                     | *(I can (am able) to see)* |
| (2s)  | ty        | a yll   | klywes                     | *(you can hear)*       |
| (3sm) | ev        | a yll   | dos                        | *(he can come)*        |
| (3sf) | hi        | a yll   | mos                        | *(she can go)*         |
| (1p)  | ni        | a yll   | dybri                      | *(we can eat)*         |
| (2p)  | hwi       | a yll   | koska                      | *(you can sleep)*      |
| (3p)  | i         | a yll   | prena                      | *(they can buy)*       |

---

**#92 PRAKTIS** *Try to make the phrases above into full sentences: e.g.*
> I can see the dog in the garden;
> she can go to the beach today, *etc.*
*Then make up some examples of your own with other verbs and vocabulary you know.*

---

**#93** Personal forms of **GALLOES** for use in **verbal** sentences are as shown below. These forms must be used in *negative sentences* and *questions*. The verbal endings are quite regular as you will see by comparing them with **MYNNES** (**#85**).

|       | unmutated | negative |              | question |              |
|-------|-----------|----------|--------------|----------|--------------|
| (1s)  | gall*av*  | ny allav vy  | *I can't*    | a allav vy ?   | *can I ?*   |
| (2s)  | gyll*ydh* | ny yllydh ta* | *you can't* | a yllydh ta* ? | *can you ?* |
| (3sm) | gyll      | ny yll ev    | *he can't*   | a yll ev ?     | *can he ?*  |
| (3sf) | gyll      | ny yll hi    | *she can't*  | a yll hi ?     | *can she ?* |
| (1p)  | gyll*yn*  | ny yllyn ni  | *we can't*   | a yllyn ni ?   | *can we ?*  |
| (2p)  | gyll*owgh*| ny yllowgh hwi | *you can't*| a yllowgh hwi ?| *can you ?* |
| (3p)  | gyll*ons* | ny yllons i  | *they can't* | a yllons i ?   | *can they ?*|

> \* often contract to
> **ny yll'ta** *and*
> **a yll'ta ?**

---

**#94 GERVA**

| | | |
|---|---|---|
| **a-vorow** *tomorrow* | **soweth** *unfortunately* | **pandra ?** *what ?* |
| **myttin** *m morning* | **gweres** *to help* **(ow kweres)** | **ena** *there* |
| **dy' Yow** *Thursday* | **kavoes** *to get, obtain* | **bys yn** *until* |
| **taklow** *p things* | **prena** *to buy* | **eskisyow** *p shoes* |
| **lavrek** *m trousers* | **nebes** *some* (+ plural noun) | **a yll'ta ?** *can you ?* |
| **daffar** *m equipment* | **pyskessa** *to fish* | **dha weles !** *see you !* |

---

**#95 KESKOWS**

| | |
|---|---|
| Maria: | Dydh da dhis, Jori. Fatla genes ? A yll'ta dos dhe'n dre genev a-vorow ? |
| Jori: | Na allav. Soweth, ny allav vy dos. Res yw dhymm gweres ow thas y'n lowarth. |
| Maria: | A yll'ta dos dy' Yow ytho ? |
| Jori: | Gallav, sur. My a yll dos dhe'n dre dy' Yow. My a vynn kavoes nebes taklow. |
| Maria: | Pandr'a vynn'ta dhe brena ? |
| Jori: | Kynsa, my a vynn prena eskisyow nowydh. Wosa henna, my a vynn prena lavrek . A allav vy prena daffar pyskessa ena ? |
| Maria: | Na yllydh. Res yw dhis mos dhe Sen Ostell rag kavoes henna. |
| Jori: | Na fors. Ni a yll mos dhe Sen Ostell yn karr ow thas. Ev a vynn mos ena dy' Yow ynwedh. Ni a yll mos ganso. |
| Maria: | Henn yw da. Ytho, bys yn dy' Yow ! Dha weles ! |

---

**#96 OBER** *Using the forms shown in #91, translate the following into Cornish.*

1. *You can buy shoes in the town.*
2. *I can hear the train coming.*
3. *They can help my mother tonight.*
4. *She can come (on) Thursday.*
5. *We can see a dog on the lawn.*

Ny allav vy gweles!

---

**#97 OBER** *Using the conjugated forms of* **GALLOES** *in #93, write the five sentences above in the negative (i.e.* 'You can't buy shoes in the town') *and as questions* ('Can you buy shoes in the town ?'). *Translate each one into Cornish. Then go back and do the same with the five sentences in #84 using the forms of* **MYNNES** *in #85*

---

**#98** You will have noticed that there is no word in Cornish for *'yes'* or *'no'* but that this is expressed by repeating the verb in the appropriate person. Here are some examples using **BOS, MYNNES** and **GALLOES**, the parts in italics being all equivalent to *'yes'* or *'no'* in English.

| | |
|---|---|
| **Os ta tiek ?** | *Nag ov,* **nyns ov vy tiek.** |
| **Yw ev medhyk ?** | *Nag yw,* **nyns yw ev medhyk.** |
| **Usi Yowann ow tos ?** | *Nag usi,* **nyns usi Yowann ow tos.** |
| **Eus keus y'n gegin ?** | *Eus,* **yma keus y'n gegin.** |
| **A vynn ev dybri ?** | *Mynn,* **ev a vynn dybri.** |
| **A vynnons i koska ?** | *Na vynnons,* **ny vynnons i koska.** |
| **A yllyn ni mos ?** | *Gyllyn,* **ni a yll mos.** |
| **A yll'ta gweles ?** | *Na allav,* **ny allav vy gweles.** |

Yw ev medhyk?
Nag yw!

In conversation many Cornish speakers now use the words **'ya'** and **'na'**. If in difficulty just nod or shake your head!

---

**#99** Note: the verb **GALLOES** is not used to translate *'can'* in the sense *'know how to'* e.g *'Can you swim ?'*; *'She can speak Cornish.'* The irregular verb **GODHVOS** *('to know')* is used to convey this meaning.

---

**#100 GODHVOS** *(to know (a fact), to know how to. Use* **ASWONN** *for people and places))*

*Impersonal form (nominal sentence)*

**my a woer** *I know*
**ty a woer** *you know*
**ev a woer** *he knows*
**hi a woer** *she knows*
**ni a woer** *we know*
**hwi a woer** *you know*
**i a woer** *they know*

my a woer neuvya

*e.g.* **hi a woer kewsel Spaynek; i a woer goelya; ev a woer gwari an piano; ni a woer lywya jynn-tenna.**

*Personal form (verbal sentences)*

| | unmutated | negative | question |
|---|---|---|---|
| (1s) | **gonn** | **ny wonn vy** *I don't know* | **a wonn vy ?** *do I know ?* |
| (2s) | **godhes** | **ny wodhes ta** *you don't know* | **a wodhes ta ?** *do you know ?* |
| (3sm) | **goer** | **ny woer ev** *he doesn't know* | **a woer ev ?** *does he know ?* |
| (3sf) | **goer** | **ny woer hi** *she doesn't know* | **a woer hi ?** *does she know ?* |
| (1p) | **godhon** | **ny wodhon ni** *we don't know* | **a wodhon ni ?** *do we know ?* |
| (2p) | **godhowgh** | **ny wodhowgh hwi** *you don't know* | **a wodhowgh hwi ?** *do you know ?* |
| (3p) | **godhons** | **ny wodhons i** *they don't know* | **a wodhons i ?** *do they know ?* |

## #101 NIVEROW *(numbers)*

| | | | | | | | | |
|---|---|---|---|---|---|---|---|---|
| onan | 1 | 1a | kynsa | unnek | 11 | 11ves | unnegves |
| dew* | 2 | 2a | nessa | dewdhek | 12 | 12ves | dewdhegves |
| tri* | 3 | 3a | tressa | trydhek | 13 | 13ves | trydhegves |
| peswar* | 4 | 4a | peswara | peswardhek | 14 | 14ves | peswardhegves |
| pymp | 5 | 5es | pympes | pymthek | 15 | 15ves | pymthegves |
| hwegh | 6 | 6ves | hweghves | hwetek | 16 | 16ves | hwetegves |
| seyth | 7 | 7ves | seythves | seytek | 17 | 17ves | seytegves |
| eth | 8 | 8ves | ethves | etek | 18 | 18ves | etegves |
| naw | 9 | 9ves | nawves | nownsek | 19 | 19ves | nownsegves |
| deg | 10 | 10ves | degves | ugens | 20 | 20ves | ugensves |

*note:* one as an adjective is **unn**. * *these have feminine forms* **diw**, **teyr** *and* **peder**. **Dew/diw** *are followed by the second (soft) mutation (#11).* **Tri/teyr** *are followed by the third (breathed) mutation (#52)*

---

**#102** *From 20 onwards Cornish counts in twenties.*

| | | |
|---|---|---|
| 21 onan warn ugens | 40 dew-ugens | 60 tri-ugens |
| 22 dew warn ugens | 41 onan ha dew-ugens | 66 hwegh ha tri-ugens |
| 23 tri warn ugens | 44 peswar ha dew-ugens | 71 unnek ha tri-ugens |
| 30 deg warn ugens | 48 eth ha dew-ugens | 77 seytek ha tri-ugens |
| 31 unnek warn ugens | 50 deg ha dew-ugens* | 80 peswar-ugens |
| 36 hwetek warn ugens | 55 pymthek ha dew-ugens | 90 deg ha peswar-ugens |
| 39 nownsek warn ugens | 59 nownsek ha dew-ugens | 99 nownsek ha peswar-ugens |

*note:* **50*** *also* **hanterkans**; **100 kans; 1 000 mil; 1 000 000 milvil.**

---

**#103** *Nouns following numbers in Cornish stay in the singular.*

**deg bugh** *ten cow(s)*
**deg bugh warn ugens** *thirty cows*
**trydhek bugh ha peswar-ugens** *ninety-three cows*
**etek maw warn ugens** *thirty-eight boys*
**tri-ugens oy byghan** *sixty small eggs*

**PY LIES ? PES ?** *(how many ?)*

**Py lies bugh eus y'n park ?**

**Py lies hanaf eus war an voes ?**

---

**#104 OBER** Ensampel **Py lies lagas eus omma ?**  **Yma dew lagas omma**

1. **Py lies hanaf eus omma ?**

2. **Py lies bys eus omma ?**

3. **Py lies stamp eus omma ?**

4. **Py lies hwegynn eus omma ?**

5. **Py lies lyther eus omma ?**

---

**#105 OBER** *Write out the following numbers in full in Cornish:* twenty-eight; thirty-eight; forty-five; fifty-one; sixty; seventy; seventy-five; seventy-nine; eighty-two; eighty-four; eighty-seven; ninety; ninety-eight; five hundred; six hundred; ten thousand.

---

## #106 PENN-BLOEDH LOWEN ! *(happy birthday !)*

Hedhyw yw penn-bloedh Yowann.
Pes bloedh yw ev ? Deg bloedh yw ev.
Hemm yw y dhegves penn-bloedh.

Penn-bloedh lowen dhiso jy
Penn-bloedh lowen dhiso jy
Penn-bloedh lowen Yowann ker
Penn-bloedh lowen dhiso jy

---

## #107 A VEU *'was' (preterite/past tense of BOS):* ... a veu genys ... *(... was born...)*

Ow fenn-bloedh yw an trydhegves mis Meurth.
My a veu genys yn mil, naw kans hag ugens yn Porthia.

Pes bloedh yw ev ?
.. bloedh yw ev.

Hy fenn-bloedh yw an pympes warn ugens mis Gwynngala.
Hi a veu genys yn mil, naw kans, pymp ha peswar-ugens*.

Pes bloedh yw hi ?
.. bloedh yw hi.

Y benn-bloedh yw an kynsa mis Du.
Ev a veu genys yn mil, naw kans ....... yn Logh.

Pes bloedh yw ev ?
Unnek bloedh yw ev.

Aga fenn-bloedh yw an unnegves warn ugens mis Genver.
I a veu genys yn mil, naw kans, etek ha peswar-ugens*.

Pes bloedh yns i ?
.. bloedh yns i.

---

## #108 OBER *Write out in full in Cornish the year and date of birth of the people below.*

06/06/1930

17/12/1946

30/03/1967

25/10/1971

03/07/1980

01/08/1998*

**PENN-BLOEDH**

ow fenn-bloedh
dha benn-bloedh
y benn-bloedh
hy fenn-bloedh

agan penn-bloedh
agas penn-bloedh
aga fenn-bloedh

---

## #109 MISYOW AN VLYDHEN
*months of the year*

| | | |
|---|---|---|
| mis Genver | mis Me | mis Gwynngala |
| mis Hwevrer | mis Metheven | mis Hedra |
| mis Meurth | mis Gortheren | mis Du |
| mis Ebryl | mis Est | mis Kevardhu |

## #110 DYDHYOW AN SEYTHUN
*days of the week*

| | |
|---|---|
| dy' Sul | dy' Yow |
| dy' Lun | dy' Gwener |
| dy' Meurth | dy' Sadorn |
| dy' Mergher | |

---

**HA TY ?**

'My a veu genys _____ , *(your birth date)*

y'n vlydhen _____ . *(your year of birth)*

_____ bloedh ov vy.' *(your age)*

---

*notenn: a different figure is given on the tape

## #111 GERVA

| | | |
|---|---|---|
| eur *f o'clock* | (peder eur *4 o'clock*) | |
| our *m hour* (duration) | (peswar our *4 hours time*) | |
| euryor *m wristwatch* | | |
| klokk *m clock* | | |
| hanter *m half* | | |
| hanterdydh *m midday* | | |
| hanternos *f midnight* | | |
| mynysenn *f minute* | | |

## #112 PY EUR ? *(what time ?)*

| | |
|---|---|
| Py eur yw hi ? | *What time is it ?* |
| Unn eur yw. | *It is one o'clock.* |
| Diw eur yw. | *It is two o'clock.* |
| Teyr eur yw. | *It is three o'clock.* |
| Peder eur yw. | *It is four o'clock.* |
| Pymp eur yw. | *It is five o'clock.* |
| Eth eur yw. | *It is eight o'clock.* |
| Unnek eur yw. | *It is eleven o'clock.* |

---

#113

Py eur yw hi ?
Kwarter dhe
beder yw.
Py eur yw hi ?
Ugens (mynysenn)
dhe hwegh yw.

Py eur yw hi ?
Hanter wosa
diw yw.
Py eur yw hi ?
Pymp (mynysenn)
wosa teyr yw.

---

## #114 GERVA

poran *exactly*
ogas dhe *nearly*
yntra *between*

## #115 OBER

1. *It is half past seven.*
2. *It is quarter to six.*
3. *It is almost five o'clock.*
4. *It is twenty to three.*
5. *It is exactly five past ten.*

---

## #116 GERVA

| | | |
|---|---|---|
| tren *m train* | a-ugh *above* | kemmeres *to take* |
| tokyn *m ticket* | py le ? *where ?* | fistena *to hurry* |
| gorsav *m station* | res yw dhymm *I must* | mes mir ! *but look !* |
| tokynva *f ticket office* | gwell yw dhis *you'd better* | fos *f wall* |

---

## #117 KESKOWS   DHE'N GORSAV

| | |
|---|---|
| Peder: | Myttin da dhis, Jori. Py eur yw hi ? A wodhes ? |
| Jori: | Na wonn. Nyns eus euryor genev. Mes mir ! Yma klokk orth an fos na. |
| Peder: | Py le ? Ogh, ena, a-ugh an dokynva. Eth eur yw hi. |
| Jori: | Nag yw. Kamm os ta. |
| Peder: | Wel, ynter eth ha pymp wosa. |
| Jori: | Nyns yw. Diw vynysenn poran wosa eth eur yw hi. |
| Peder: | Da lowr, mar mynn'ta ! Res yw dhymm kemmeres tren dhe bymp |
| | mynysenn wosa eth. Ha res yw dhymm prena tokyn hwath ! |
| Jori: | Gwell yw dhis fistena, ytho ! |
| Peder: | Gwir ! Dha weles ytho, sos ! |

---

## #118 DHE BY EUR ? *(At what time ?)*

| | | |
|---|---|---|
| Dhe by eur y fynn'ta dybri ? | My a vynn dybri dhe hwegh eur. | *(impersonal/nominal sentence)* |
| Dhe by eur y fynn'ta mos ? | Dhe naw eur y fynnav mos. | *(personal/verbal sentence)* |

---

#119 *Note these expressions using* **BOS + GANS** *and* **BOS + DHE:**

| | | | |
|---|---|---|---|
| **Res yw dhymm mos.** | **Gwell yw dhymm mos.** | **Da yw genev mos.** | **Gwell yw genev mos.** |
| *I must go.* | *I'd better go.* | *I like to go.* | *I prefer to go.* |

Learn these well and make up your own examples by replacing **MOS** with other verbs and **DHYMM** and **GENEV** with other persons *(see #47 and #88)* e.g. **gwell yw dhedhi fistena; da yw gansa neuvya.**

---

## #120 GERVA

| | | |
|---|---|---|
| **difuna** *to wake up* | **bryjys** *boiled* | **dowr** *m water* |
| **difunell** *f alarm clock* | **hansel** *m breakfast* | **boesti** *m café* |
| **seni** *to ring, sound* | **oy** *m egg* | **askloes** *p chips* |
| **omwiska** *to get dressed* | **gasa** *to leave* (**ow kasa**) | **pubonan** *everyone* |
| **lavrek** *m trousers* | **kemmeres** *to take* | **dehweles** *to return* |
| **omwolghi** *to wash oneself* | **kesva** *f board (body)* | **kyttrin** *m bus* |
| **glanhe** *to clean* | **yskynna** *to ascend, go up,* | **nowodhow** *p news* |
| **dens** *p teeth* | *get on (bus etc.)* | **soedhva** *f office* |

## #121 REDYANS

1.

2.

3.

4.

5.

6.

7.

8.

9.

10.

### UNN JYDH GANS TAMSIN

1. Ottomma Tamsin yn hy gweli. Ha, py eur yw ? Seyth eur myttin yw. Yma Tamsin ow tifuna ha sevel. Eus klokk dhedhi ? Eus, yma difunell war an amari ryb hy gweli. Yma an dhifunell ow seni.

2. Lemmyn, kwarter wosa seyth yw. Pyth usi Tamsin ow kul ? Yma hi owth omwiska. Yma lavrek du ha krys gwynn dhedhi.

3. Py eur yw lemmyn ? Hanter wosa seyth yw. Wosa omwolghi, yma Tamsin ow klanhe hy dens. Ha ple'ma hi ? Yma hi y'n stevell-omwolghi.

4. Ottomma Tamsin ow tybri hy hansel. Pyth usi hi ow tybri rag hansel ? Yma hi ow tybri oy. Oy bryjys yw. Da yw gensi dybri oy bryjys. Yma an oy yn hanaf-oy. Ha py eur yw ? Kwarter dhe eth yw.

5. Wosa dybri hy hansel ha gasa an chi, res yw dhedhi kemmeres an kyttrin rag mos dh'y soedhva y'n dre. Pyth usi Tamsin ow kul lemmyn ? Yma hi owth yskynna y'n kyttrin.

6. Naw eur myttin yw. Ple'ma Tamsin ? Yma hi y'n dre. Yma hi ow mos yn hy soedhva. Soedhva an Gesva Dowr yw.

7. Ha lemmyn py eur yw ? Deg eur yw. Yma Tamsin owth oberi. Yma hi ow skrifa lyther. Eus pellgowser war hy desk ? Eus.

8. Hanter wosa dewdhek yw an eur lemmyn. Tamsin a vynn dybri. Hi a yll dybri yn boesti an soedhva. Yma hi ena ow tybri pysk hag askloes. Da yw gensi dybri pysk. Yma hanaf a goffi dhedhi ynwedh.

9. Lemmyn dhe bymp eur dohajydh yma pubonan ow kasa an soedhva kyns dehweles dhe-dre. Res yw dhe Damsin kemmeres an kyttrin arta.

10. Skwith fest yw Tamsin wosa dos tre. Pyth usi hi ow kul ? Yma hi yn hy esedhva ow mires orth an bellwolok. Deg eur gorthugher yw. Yma hi ow mires orth an nowodhow kyns mos yn gweli.

**#122** Imperatives: these are commands or instructions or requests, such as *'go away'*, or *'sit down'* or *'close the door'*. There are singular and plural forms in Cornish for speaking to one person or more than one person.

| Verb noun | English | Singular | Plural | Examples (all in singular form) |
|---|---|---|---|---|
| bos | *to be* | bydh | bedhewgh | **Bydh da, mar pleg !** *(Be good, please !)* |
| gul | *to do, make* | gwra | gwrewgh | **Gwra dell lavarav !** *(Do as I say !)* |
| dos | *to come* | deus | dewgh | **Deus omma !** *(Come here !)* |
| mos | *to go* | ke | kewgh | **Ke dhe-ves !** *(Go away !)* |
| ri | *to give* | ro | rewgh | **Ro dhymm ow lyver !** *(Give me my book !)* |
| sevel | *to stand* | sav | sevewgh | **Sav yn-bann !** *(Stand up !)* |
| esedha | *to sit* | esedh | esedhewgh | **Esedh orth an voes !** *(Sit at the table !)* |
| igeri | *to open* | igor | igerewgh | **Igor an fenester !** *(Open the window !)* |
| degea | *to close* | dege | degeewgh | **Dege an daras !** *(Close the door !)* |
| kemmeres | *to take* | kemmer | kemmerewgh | **Kemmer an bluvenn ma !** *(Take this pen !)* |
| skrifa | *to write* | skrif | skrifewgh | **Skrif dha hanow !** *(Write your name !)* |
| gorra | *to put* | gorr | gorrewgh | **Gorr an bara y'n amari !** *(Put the bread in the cupboard !)* |
| ystynna | *to pass* | ystynn | ystynnewgh | **Ystynn dhymm an hoelan !** *(Pass me the salt !)* |

**#123** Negative forms start with the particle **NA** which causes a soft mutation (see #11).

| **Na vydh gokki !** | **Na wra henna !** | **Na esedhewgh !** | **Na ge !** |
|---|---|---|---|
| *Don't be silly !* | *Don't do that !* | *Don't sit* (p) *!* | *Don't go !* |

**#124 GERVA**

| | | |
|---|---|---|
| **eskisyow** *p shoes* | **distowgh** *immediately* | **dell lavarav** *as I say* |
| **bolla** *m bowl* | **wor'tiwedh** *at last* | **dell hevel** *so it seems* |
| **kowl** *m soup* | **kyns** *before* | **gorr ev !** *put him/it* (m) *!* |
| **hoelan** *m salt* | **a-wosa** *afterwards* | **gorr hi !** *put her/ it* (f) *!* |
| **kornell** *f corner* | **diwiska** *to take off clothes* | **gorr i !** *put them !* |

## #125 KESKOWS

| | |
|---|---|
| **Tas:** | **Deus omma, Jenifer ! Deus omma distowgh !** |
| **Myrgh:** | **Ny vynnav dos, tasik. My a vynn gortos omma y'n lowarth.** |
| **Tas:** | **Bydh da, mar pleg, ha gwra dell lavarav !** |
| **Myrgh:** | **Da lowr, yth esov vy ow tos lemmyn. Igor daras an gegin, mar pleg.** |
| **Tas:** | **Diwisk dha eskisyow plos kyns dos y'n gegin ! Lemmyn, Jenifer, kemmer an kowl ma dhe vamm. Yma hi y'n stevell-dhybri.** |
| **Myrgh:** | **My a vynn dybri ynwedh ! Yma nown bras dhymm ! Ple'ma ow bolla, ytho ?** |
| **Tas:** | **Ke dhe'n stevell-dhybri, esedh ryb dha vamm ha bydh kosel !** |
| **Mamm:** | **Kowl toemm ! Wor'tiwedh. Deus omma, Jenifer, hag esedh war an gador ma. Ystynn dhymm an hoelan mar pleg ! Ha ty, a ny vynn'ta dybri ?** |
| **Myrgh:** | **Mynnav, sur, mes dell hevel res yw dhymm gortos !** |

---

**#126 OBER** *Translate.*

1. *Come here at once !*
2. *Close the window ! It's cold !*
3. *Write a letter to him, then !*
4. *Pass me my cup, please !*
5. *Sit in that corner and be quiet !*

**#127 DHE'N KI**

1. **Esedh !**
2. **Gorwedh !**
3. **Sav yn-bann !**
4. **Kyrgh ev !**
5. **KI DA !**

1.

2.

3.

**#128 GUL** *(to do, to make)* is the most commonly used auxiliary verb in Cornish. It is irregular in its conjugation. It is also used to make future tenses. The impersonal forms used in nominal sentences are:

|       | subject + | **a wra** + | another verb | meaning | future meaning |
|-------|-----------|-------------|--------------|---------|----------------|
| (1s)  | **my**    | **a wra**   | **dos**      | *I come/I do come* | *I shall come* |
| (2s)  | **ty**    | **a wra**   | **gweles**   | *you see/you do see* | *you will see* |
| (3sm) | **ev**    | **a wra**   | **klywes**   | *he hears/ he does hear* | *he will hear* |
| (3sf) | **hi**    | **a wra**   | **dybri**    | *she eats/she does eat* | *she will eat* |
| (1p)  | **ni**    | **a wra**   | **gweres**   | *we help/we do help* | *we shall help* |
| (2p)  | **hwi**   | **a wra**   | **leverel**  | *you say/you do say* | *you will say* |
| (3p)  | **i**     | **a wra**   | **mos**      | *they go/they do go* | *they will go* |

**#129** Personal forms of **GUL** for verbal sentences are as follows. Remember that these must be used in negative sentences and questions (verbal sentences).

|       | unmutated | negative | | question | |
|-------|-----------|----------|---|----------|---|
| (1s)  | **gwrav**    | **ny wrav vy**    | *I don't/shan't* | **a wrav vy ?**    | *do I ? shall I ?* |
| (2s)  | **gwredh**   | **ny wredh ta\*** | *you don't/won't* | **a wredh ta\*?**  | *do you ? will you ?* |
| (3sm) | **gwra**     | **ny wra ev**     | *he doesn't/won't* | **a wra ev ?**     | *does he ? will he ?* |
| (3sf) | **gwra**     | **ny wra hi**     | *she doesn't/won't* | **a wra hi ?**     | *does she ? will she ?* |
| (1p)  | **gwren**    | **ny wren ni**    | *we don't/shan't* | **a wren ni ?**    | *do we ? will we ?* |
| (2p)  | **gwrewgh**  | **ny wrewgh hwi** | *you don't/won't* | **a wrewgh hwi ?** | *do you ? will you ?* |
| (3s)  | **gwrons**   | **ny wrons i**    | *they don't/won't* | **a wrons i ?**    | *do they ? will they ?* |

*these forms usually contract in speech and writing to **ny wre'ta** and **a wre'ta**

e.g.   **A wre'ta kana ?** *(Do you sing ?)*   **Gwrav, my a wra kana** *(Yes, I (do) sing)*

**A wre'ta donsya ?** *(Do you dance ?)*   **Na wrav, ny wrav vy donsya** *(No, I don't dance)*

**#130** Note also these usages:

**Pub seythun, my a wra mos dhe'n dre** *(Every week I (do) go to town)*   [HABITUAL ACTION = **GUL** +
**Pub dydh, my a wra eva hanaf a leth** *(Every day I (do) drink a cup of milk)*   another verb noun]

**Yth esov vy ow mos dhe'n dre** *(I am going to town)*   [CONTEMPORARY ACTION =
**Yth esov vy owth eva hanaf a leth** *(I am drinking a cup of milk)*   **BOS** (long) + present participle]

Make up some examples of your own using this pattern. Vary the person (I, you, he, she etc.) and the verbs

**#131 GERVA**   **dhe'n dre** *to town*;   **dhe Gernow** *to Cornwall*;   **koffi** *coffee*;   **megi** *to smoke.*

**#132 PUB** *(each, every)*

**pub dydh** *every day*;   **pub seythun** *every week*;   **pub hav** *every summer*;   **pup-prys** *every time, always.*

**#133 OBER**   *Translate the following using personal/nominal or impersonal/verbal forms as appropriate:*

*1. We go to town every week.*
*2. He comes to Cornwall every summer.*
*3. Do you drink tea or coffee ?*

*4. They go to school every day.*
*5. I do not smoke, thank you.*

Do some more examples of your own

**#134 GERVA**

| | | | |
|---|---|---|---|
| hanaf *m cup* | gokki *stupid* | kara *to like, love* | ple ? *where ?* |
| te *m tea* | gwell ages *better than* | leverel *to say* | prag y ? *why ?* |
| dowr *m water* | kamm *wrong* | hwerthin *to laugh* | yndella *thus, so* |
| lavar *saying* | broder *m brother* | maga *to feed, rear* | tus *p people* |

---

**#135 KESKOWS (yntra dew vroder)**

Mighal:    An hanaf ma yw leun a de yeyn ! Piw a wra eva te yeyn y'n chi ma ?

Peder:    An te na yw dhymm. Ow the yw. My a wra eva te yeyn.

Mighal:    Eva te yeyn a wre'ta ? Prag y hwre'ta yndella ?

Peder:    An lyver ma a wra leverel : 'Te yeyn yw gwell ages dowr.'

Mighal:    Henn yw lavar gokki. Ro dhymm an lyver mar pleg.

Peder:    Prag y hwre'ta hwerthin ? Yw an lyver kamm ?

Mighal:    Nag yw, nyns yw an lyver kamm. Mes ty, ow broder byghan, ty yw kamm.

Peder:    Prag ?

Mighal:    Hanow an lyver ma yw 'Aspidistras ha'ga maga' ! I a wra kara te yeyn. Mes ni, ny wren ni eva henna. Ass os ta gokki !

---

**#136 PLE ?** *(where ?),* **PRAG Y ?** *(why ?) and* **P'EUR** *(when ?) are all followed by the fifth (mixed) mutation. This will change the first letter of a word as follows:*

| initial letter: | B | D | G | GW | M | |
|---|---|---|---|---|---|---|
| after mixed mutation: | **F** | **T** | **H** | **HW** | **F** | **ensamplow:** |

**Ple hallav (gallav) prena keus ?**
*Where can I buy cheese ?*

**Prag y fynnons (mynnons) mos ?**
*Why do they want to go ?*

**P'eur hwra (gwra) ev dos ?**
*When will he come ?*

---

**#137** The particle **Y**, as just shown, takes this fifth mutation. This can be used to make verbal sentences using personal forms of the verb but it should not usually start a sentence; rather it will follow on from a phrase, as in the examples below:

| | |
|---|---|
| **Hedhyw, y fynnav vy golghi an karr.** | *Today I want to wash the car.* |
| **Dhe'n dre y fynnons i mos.** | *To town they want to go.* |
| **War an treth y hyllyn ni gweles skath.** | *On the beach we can see a boat.* |
| **Dhe seyth eur y hwra hi dybri.** | *At seven o'clock she eats.* |

---

**#138 DHE'N DRE** *Look at the following uses.*

**Ple hwre'ta mos rag prena bara ?** *(Where do you go to buy bread ?)*
    **My a wra mos dhe'n popti rag prena bara.**     (nominal sentence, impersonal verb)
    **Dhe'n popti y hwrav vy mos rag prena bara.**     (verbal sentence, personal verb)

**Prag y hwre'ta mos dhe'n kikti ?** *(Why do you go to the butcher's ?)*
    **My a wra mos dhe'n kikti rag prena kig.**     (nominal sentence, impersonal verb)
    **Rag prena kig y hwrav vy mos dhe'n kikti.**     (verbal sentence, personal verb)

**P'eur hwre'ta mos dhe'n dre ?** *(When do you go to town ?)*
    **My a wra mos dhe'n dre pub Sadorn.**     (nominal sentence, impersonal verb)
    **Pub Sadorn y hwrav vy mos dhe'n dre.**     (verbal sentence, personal verb)

In each example the second answer is preferable, as this stresses the answer required to *'where ?'*, *'why ?'* and *'when ?'*. Such subtleties of usage and word order are an important aspect of Cornish but for the present you should use the form with which you feel most comfortable.

---

## #139 GERVA

| | | |
|---|---|---|
| **a-vorow** *tomorrow* | **tyli** *to pay* | **lostenn** *f skirt* |
| **soweth** *unfortunately* | **losow-kegin** *p vegetables* | **ow kwertha** *selling* (from **gwertha**) |
| **hwoer** *f sister* | **spiser** *m grocer* | **dillas** *p clothes* |
| **hanterdydh** *m midday* | **spisti** *m grocer's shop* | **pris isel** *low price* |
| **kyttrin** *m bus* | **(hag) usi** *which is* | **krowshyns** *m crossroads* |
| **karr** *m car* | **a-dal** *opposite* | **yn hwir** *really* |
| **kerri** *p cars* | **eglos** *f church* | **lyverva** *f library* |
| **gasa** *to leave* | **gwerthji** *m shop* | **daskorr** *to give/take back, return* |
| **a-dryv** *behind* | **my a gar** *I like* | **gelwel** *to call* |
| **arghantti** *m bank* | **gwerther** *m salesman* | **hel an dre** *town hall* |
| **tollow-dowr** *water rates* | **ogas dhe** *near to* | **boesti** *m café* |
| **dell glywav** *so I hear* | **korev** *m beer* | **pastes** *m pie* |
| **rewell** *f freezer* | **dy'goelyow** *p holidays* | **lenwel** *to fill* |
| **Lew Rudh** *Red Lion* | **metya (gans)** *to meet* | **Stret an Varghas** *Market Street* |

## #140 REDYANS     Y'N DRE

**Mestres Penntreth:** A vynn'ta mos genev dhe'n dre a-vorow ?

**Mestres Trewynn:** Soweth, ny allav vy mos. Res yw dhymm mos dhe weles ow hwoer. P'eur hwre'ta mos ?

**Mestres Penntreth:** My a wra mos kyns hanterdydh.

**Mestres Trewynn:** Y'n kyttrin a wre'ta mos ?

**Mestres Penntreth:** Na wrav. My a wra mos y'n karr. Gwell yw genev mos y'n karr. My a wra gasa an karr y'n park-kerri a-dryv an arghantti. Pup-prys yma spas ena.

**Mestres Trewynn:** Pandr'a wre'ta prena ytho ?

**Mestres Penntreth:** My a vynn prena losow-kegin y'n spisti. My a wra mos dhe'n spisti usi a-dal an eglos. Byghan yw an gwerthji na mes my a gar an spiser. Wosa henna, my a vynn prena lostenn nowydh. Dell glywav, ymons i ow kwertha dillas orth pris isel y'n gwerthji ryb an krowshyns. Nyns eus arghans lowr dhymm yn hwir, mes ny vern !

**Mestres Trewynn:** A wre'ta mos ogas dhe'n lyverva ? Yma genev dew lyver a'n lyverva. Res yw dhymm daskorr an lyvrow kyns dy' Yow. A yll'ta mos ena ?

**Mestres Penntreth:** Gallav, sur. My a yll mos dhe'n lyverva. Res yw dhymm gelwel orth hel an dre rag tyli an tollow-dowr. Yma an lyverva pur ogas dhe hel an dre.

**Mestres Trewynn:** Ple hwre'ta dybri, ytho ? Y'n boesti nowydh yn Stret an Varghas ? Dell glywav, boesti da yw henna.

**Mestres Penntreth:** Ny vynnav dybri ena. Gwell yw genev kavoes gwedrenn a gorev ha pastes y'n Lew Rudh. Ha wosa henna, res yw dhymm mos dhe'n kikti rag prena kig. My a vynn lenwel an rewell kyns an dy'goelyow. Hag ena, kyns mos tre, my a wra metya gans ow myrgh ryb hy soedhva.

---

*As a follow-up to this reading, try to write a simple conversation along the same lines; you can take sentences from the passage above and change some of the vocabulary to suit your needs. Do not make the conversation too complicated but stick to known patterns of language.*

*Another useful way of testing your Cornish is to translate some sentences or a passage into English and then try to translate back into Cornish without looking at the original, except to check your final version.*

**#141 OBER** *By using the word list at the back of this book (pages 55 to 59), identify each of the buildings marked on the map below. Do the same for the list of shopping items. Write the name of each item by the appropriate building. Add some more of your own if you want. Make up some questions like those in #138. Draw a map of your local shops in Cornish.*

kentrow; dyenn; kador-vregh; gwin; selsik; stampow; kota; forn; lodrigow; avalow; lostenn; tesennow; arghans; leth; bara; pellwolok; morthol; oyow; rewer; kowligow; kig; lyver; lavrek; eskisyow.

---

**#142 DASWEL** *(revision)* **GOVYNNADOW** *(questions about the map below - don't look at the answers !)*

| | |
|---|---|
| Ple'ma an eglos ? | Ryb an lyverva yma an eglos. |
| Ple'ma an park-kerri ? | A-dryv an karrji yma an park-kerri. |
| Ple'ma an lyverji ? | A-dal an gwerthji mebyl yma an lyverji. |
| Ple'ma an kikti ? | A-rag an park-kerri yma an kikti. |
| Ple'ma an fordh-a-dro ? | Yn Stret an Varghas yma an fordh-a-dro. |
| Usi an horner ryb an boesti ? | Usi, yma an horner ryb an boesti. |
| Usi an spiser a-dal an eglos ? | Usi, yma an spiser a-dal an eglos. |
| Usi an le'ti a-dryv an popti ? | Nag usi, nyns usi an le'ti a-dryv an popti. |
| Usi an golowys *(lights)* ogas dhe'n karrji ? | Nag usi, nyns usi an golowys ogas dhe'n karrji. |
| Eus gwerthji mebyl y'n dre ? | Eus, yma gwerthji mebyl y'n dre. |
| Eus boesti y'n dre ? | Eus, yma boesti y'n dre. |
| Eus ostel *(hotel)* y'n dre ? | Nag eus, nyns eus ostel y'n dre. |
| Eus kresenn sport *(sports centre)* y'n dre ? | Nag eus, nyns eus kresenn sport y'n dre. |

---

## MAPPA KRES AN DRE
*(Map of the town centre)*

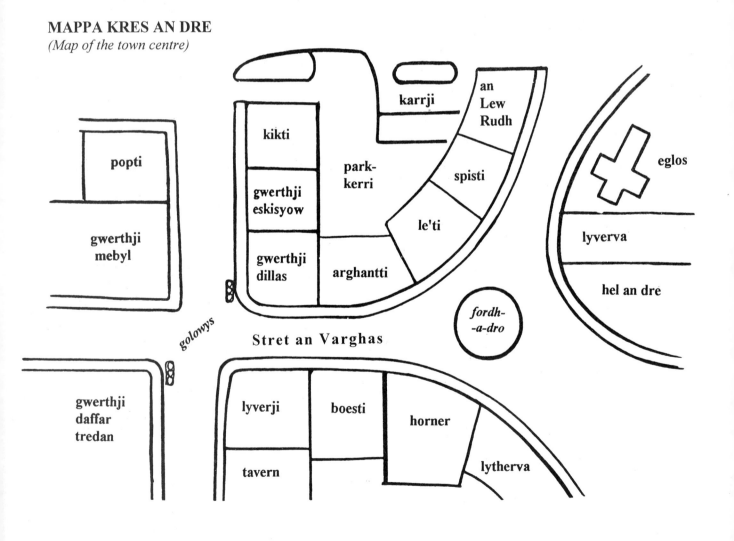

**#143** Nominal sentences and the impersonal use of verbs: as we have seen with **MYNNES**, **GALLOES** and **GUL**, Cornish verbs can be used impersonally in the sense that the verb ending does not change according to the person *(I, you, he, she etc)*; this person (the *subject*) comes before the verb. Impersonal use is with:

        a) all nouns, both singular and plural;

        b) with pronouns *(I, you, he, she, it, we, you, they)* in statements (but not in negatives or questions).

---

**#144** Rules for impersonal usage (in nominal sentences).

    a) with nouns:        1. statements: the noun precedes the verb e.g **an ki a wel** *(the dog sees)*;

                                  2. negatives: the verb precedes the noun e.g. **ny wel an ki** *(the dog doesn't see)*;

                                  3. questions: the verb precedes the noun: e.g. **a wel an ki ?** *(does the dog see)*.

    b) with pronouns:       1. the pronoun *(I, you, he, she, etc.)* always precedes the verb: e.g **my a wel** *(I see)* ;

                                  2. the particle **A** is used, causing a soft mutation. (**A** is *not* used before vowels in the verbs **BOS** and **MOS**);

                                  3. the third person singular form *(he/she/it)* of the verb is used (usually the *stem*);

                                  4. the impersonal form *cannot* be used in negatives or questions.

---

**#145** Most Cornish verbs (the infinitive, verbal noun or 'dictionary' form) consist of a *stem* with an *ending*. Some common endings with the stem shown in brackets are:

| | | | | | |
|---|---|---|---|---|---|
| **-A** | e.g. | **kara (kar);** *to like* | **gasa (gas);** *to leave* | **prena (pren);** *to buy, pay for* | **gorra (gorr);** *to put* |
| **-ES** | e.g. | **gweles (gwel);** *to see* | **klywes (klyw);** *to hear* | **mires (mir);** *to look* | **mynnes (mynn);** *to want* |
| **-OES** | e.g. | **galloes (gyll);** *to be able* | **kavoes (kyv);** *to find, get* | | |
| **-YA** | e.g. | **redya (red);** *to read* | **poenya (poen);** *to run* | **donsya (dons);** *to dance* | |
| **-I** | e.g. | **golghi (golgh);** *to wash* | **pareusi (pareus);** *to prepare* | | |
| **-EL** | e.g. | **leverel (lever);** *to say* | **kewsel (kews);** *to speak* | | |

---

**#146** Impersonal use of such verbs is made by **(1)** *subject* + **(2)** *particle* **A** with soft mutation + **(3)** *stem* e.g.,

| verb | stem | example | meaning |
|---|---|---|---|
| **mynnes** | **mynn (a vynn)** | **ni a vynn** | *we want* |
| **kana** | **kan (a gan)** | **hi a gan** | *she sings* |
| **klywes** | **klyw (a glyw)** | **ev a glyw** | *he hears* |
| **prena** | **pren (a bren)** | **my a bren** | *I buy* |
| **pareusi** | **pareus (a bareus)** | **i a bareus** | *they prepare* |
| **kemmeres** | **kemmer (a gemmer)** | **hwi a gemmer** | *you* (p) *take* |
| **difuna** | **difun (a dhifun)** | **ty a dhifun** | *you* (s) *wake up* |
| **yskynna** | **yskynn (a yskynn)** | **Jori a yskynn** | *George goes up* |
| **klappya** | **klapp (a glapp)** | **Maria a glapp** | *Mary chatters* |
| **splanna** | **splann (a splann)** | **an howl a splann** | *the sun shines* |

> 1. Try to put some of these into full sentences;
> 2. Try some of your own with other verbs you have met.
> (For a check list see appendix 2, pages 52-53, column 3.

---

**#147** *Some verbs are already stems.*

| | | | | |
|---|---|---|---|---|
| **govynn** | **govynn (a wovynn)** | **ty a wovynn** | *you ask* | |
| **dalleth** | **dalleth (a dhalleth)** | **i a dhalleth** | *they start* | Make a list of others |
| **aswonn** | **aswonn (a aswonn)** | **hi a aswonn** | *she knows* | from pages 52-3 |

---

**#148** *Some verbs need an extra syllable (often with an internal vowel change too).*

| verb | stem | example | meaning |
|---|---|---|---|
| dybri | debr (a dheber) | ev a dheber | *he eats* |
| lenwel | lanw (a lenow) | i a lenow | *they fill* |

---

**#149** *A few verbs are irregular.*

| verb | stem | example | meaning |
|---|---|---|---|
| dos | deu (a dheu) | ni a dheu | *we come* |
| dri | dre (a dhre) | hi a dhre | *she brings* |
| doen | deg (a dheg) | hwi a dheg | *you* (p) *carry* |
| godhvos |  | my a woer | *I know* |

---

**#150 BOS** *and* **MOS** *are irregular and in their tenses beginning with a vowel are not preceded by the* **A** *particle.*

| verb | (no stem) | example | meaning |
|---|---|---|---|
| bos |  | ty yw | *you are*  (short form only) |
| mos |  | i a | *they go* |

---

**#151 GERVA**

| | | | |
|---|---|---|---|
| edhen *f bird* | yn hweg *sweetly* | bara *m bread* | y'n dre *in town* |
| kelorn *m bucket* | marghas *f market* | pel *f ball* | hanow *m name* |

---

**#152 OBER** *Translate into Cornish and then try to make some similar statements of your own.*

1. John and Mary see a boat.
2. She hears a bird in a tree.
3. The bird sings sweetly.
4. I wake up at seven o'clock.
5. We buy bread in town.
6. They fill the bucket.
7. He goes to the market.
8. She begins her work.
9. The dog brings the ball.
10. He writes his name.

---

**#153 GERVA**

| | | |
|---|---|---|
| haneth *tonight* | mires orth *to look at, watch* | plasenn *f record, disc* |
| lev *m voice* | goslowes orth *to listen to* | stret *m street* |
| martesen *perhaps* | dh'y weles *to see him* | dons *m dance* |
| yn-mes *out* | herwydh usadow *usually* | lemmyn *now* |
| gyllys *gone* | towlenn *f programme* | yn kres *in peace* |
| klappya *to chatter* | penn dhe benn *end to end* | heb diwedh *without end* |

---

**#154 KESKOWS  (yntra diw hwoer)**

**Maria:** Pyth eus y'n bellwolok haneth, Jenifer ?

**Jenifer:** Ny wonn. Ny vynnav vy mires orth an bellwolok haneth. My a vynn goslowes orth an blasenn nowydh ma.

**Maria:** Ogh ! My a yll klywes lev Peder ! Yma ev y'n stret. My a dh'y weles. Martesen ni a yll mos dhe'n dons haneth.  *[Maria a yn-mes]*

**Jenifer:** Henn yw gwell. Gyllys yw hi. Lemmyn my a yll mires orth ow gwella towlenn y'n bellwolok ! Nyns yw da an dowlenn na gans Maria. Herwydh usadow, hi a glapp heb diwedh penn dhe benn. Mes haneth, my a yll mires yn kres !

---

## #155 GERVA

| | | |
|---|---|---|
| **goelya** *to sail* | **goel** *m sail* | **serri orth** *to get angry with* |
| **skath-woelya** *f sailing boat* | **heyl** *m estuary* | **tu** *m direction* |
| **pennseythun** *f weekend* | **howl** *m sun* | **yn tawesek** *in silence* |
| **hav** *m summer* | **tenna** *to pull* | **sywya** *to follow* |
| **synsi** *to hold* | **gwyns** *m wind* | **drehedhes** *to reach* |
| **lyw** *m rudder* | **lestri** *p vessels* | **treylya** *to turn* |
| **kowethes** *f friend* | **tremena** *to pass* | **kres** *m middle* |
| **bos unnver** *to be agreed* | **lovan** *f rope* | **kay** *m quay* |
| **war-tu ha** *towards* | **pareusi** *to prepare* | **doen** *to carry* |
| **omri** *to concentrate* | **lenwel** *to fill* | **plegya** *to fold* |
| **a'y anvodh** *reluctantly* | **breus** *m opinion* | **hoelan** *m salt* |
| **salow** *safe* | **diwvregh** *(two)arms* | **avon** *f river* |
| **tamm ha tamm** *gradually* | | |

*gorhel-oyl*　　　　*skath-revya*　　　　*skath-sawya*

*kok*　　　　*skath-woelya*　　　　*skath-tan*

---

## #156 REDYANS　MARIA HA PEDER OW KOELYA

Peder a gar goelya. Yma dhodho skath-woelya vyghan ha pub pennseythun y'n hav, da yw ganso synsi an lyw ha gasa an tir. Unn Sadorn, Peder a wovynn orth y gowethes, Maria, dhe dhos ganso. Hi yw unnver ha dhe hanterdydh Peder ha Maria a war-tu ha'n porth; Peder yw lowen mes Maria a a'y anvodh.

Wosa pareusi goelyow an skath, i a bys yn heyl an avon. Yma an howl ow splanna dres an dowr, mes nebes yeyn yw an gwyns. Yma meur a lestri ow mos ha dos an Sadorn ma, ha lies kok a dremen skath Peder.

'A yll'ta gweles Penndinas ?' a wovynn Maria.

'Res yw dhis omri dhe'n ober goelya,' a worthyb Peder. 'Tenn orth an lovan na rag lenwel an goel !'

'Na wra serri orthiv, Peder. Ny wrug vy goelya kyns, na gweles Penndinas a'n tu ma !'

Pell i a woel yn tawesek, ow sywya hyns ewn kyns treylya ha dehweles war-tu ha'n porth.

'Yeyn ov vy,' a grodhvol Maria. 'P'eur hwren ni drehedhes an porth arta ?'

'Bydh kosel, ny vydh pell,' a worthyb hy howeth.

I a dremen an gorholyon-oyl usi orth ankor yn kres an avon, ha tamm ha tamm i a dheu yn ogas dhe'n porth.

'My a yll gweles ow broder ow kortos war an kay,' yn-medh Maria. 'My a vynn mos tre ha lamma yn kibell doemm !'

'Res yw dhyn golghi an skath kyns henna, ha plegya an goelyow, ha tenna an skath war an treth, ha doen an goelyow . . .'

'Ogh, bryntin yw ! A wre'ta gelwel hemma sport ? Ny vynnav vy goelya arta. Ty yw gokki, dhe'm breus vy. Yeyn ha glyb ov vy . . . ow gols yw leun a hoelan . . . skwith yw ow diwvregh ! Gwell yw genev gortos war an tir - sygh ha toemm ha salow !'

---

**#157** Impersonal use of verbs (nominal sentences) in the past (preterite tense): the same rules apply for impersonal tenses in the past as in the present (see rules in **#143** and **#144**). The past tense is marked by adding the ending -**AS** to the stem (often corresponding to -*ED* in English), e.g.

| **my a vynn** | > | **my a vynn***as* | | **ev a vir** | > | **ev a vir***as* |
|---|---|---|---|---|---|---|
| I want | | I want*ed* | | he looks | | he look*ed* |

Here is a list of some examples which were given in **#146** in their past form. Look back to compare them. Make them into sentences (some are done for you).

| verb | stem | example | meaning | sentence |
|---|---|---|---|---|
| mynnes | mynn | ni a vynnas | *we wanted* | **Ni a vynnas dybri keus ha bara y'n diwotti.** |
| kara | kar | hi a garas | *she liked/loved* | |
| klywes | klyw | ev a glywas | *he heard* | **Ev a glywas an gwyns y'n gwydh y'n nos.** |
| prena | pren | my a brenas | *I bought* | **De, my a brenas lyver nowydh** |
| kemmeres | kemmer | hwi a gemmeras | *you took* | |
| difuna | difun | ty a dhifunas | *you woke up* | |
| yskynna | yskynn | Jori a yskynnas | *George got on* | **Jori a yskynnas an tren y'n gorsav.** |
| splanna | splann | an howl a splannas | *the sun shone* | |

**#158** Verbs with an ending of -**YA** retain the **Y** in the past:

| klappya | klapp | hi a glappyas | *she chattered* | |
|---|---|---|---|---|
| redya | red | i a redyas | *they read* | **Hedhyw, i a redyas an nowodhow drog** |

**#159** A few verbs have a past ending in -**IS**; these include all verbs ending in -**EL**; some others met so far are shown below (a fuller list is given in appendix 2 on pages 52-53):

| lenwel | lanw | hi a lenwis | *she filled* | **Hi a lenwis an kelorn a dhowr yeyn.** |
|---|---|---|---|---|
| leverel | lever | ty a leveris | *you said* | |
| dybri | debr | ev a dhybris | *he ate* | **Ev a dhybris tri fasti nyhewer!** |
| gorthybi | gorthyb | i a worthybis | *they replied* | |
| pareusi | pareus | hwi a bareusis | *you prepared* | |

**#160** Irregular verbs include:

| dos | | ni a dheuth | *we came* | |
|---|---|---|---|---|
| dri | | hi a dhros | *she brought* | |
| doen | | hwi a dhug | *you carried* | **Hwi a dhug an baner yn ta!** |
| gul | | ev a wrug | *he did* | |
| bos | | ev a veu | *he was* (action) | **Ev a veu genys yn Lannstefan.** |
| bos | | ev o* | *he was* (state) | |
| mos | | my eth* | *I went* | |

\* no **A** particle

To practise the past tenses of these and other verbs:

a) go back to the exercise **#152** and put the same sentences in the past;

c) go back to the reading **#156** and rewrite it in the past tense, but note that the conversation in inverted commas stays as it is. The parts of **BOS** which occur in the passage are **YW** and **YMA**; these should be replaced by **O** and **YTH ESA** respectively as will be explained in **#176**.

**#161** The past (preterite) of **GUL** *(to do, to make)*.  This can also be used to make past tenses as shown below, using the impersonal forms (in nominal sentences).

|       | subject + | **a wrug** | + | another verb | Meaning |
|-------|-----------|------------|---|--------------|---------|
| (1s)  | **my**  | **a wrug** | | **koska**   | *I did sleep/I slept* |
| (2s)  | **ty**  | **a wrug** | | **gweres**  | *you did help/you helped* |
| (3sm) | **ev**  | **a wrug** | | **goelya**  | *he did sail/he sailed* |
| (3sf) | **hi**  | **a wrug** | | **hwerthin** | *she did laugh/laughed* |
| (1p)  | **ni**  | **a wrug** | | **leverel**  | *we did say/we said* |
| (2p)  | **hwi** | **a wrug** | | **gortos**   | *you did wait/you waited* |
| (3p)  | **i**   | **a wrug** | | **neuvya**   | *they did swim/they swam* |

---

**#162** The personal past forms of **GUL** for verbal sentences are shown below.

|       | unmutated | negative | questions |
|-------|-----------|----------|-----------|
| (1s)  | **gwrug**      | **ny wrug vy** *I did not*          | **a wrug vy ?** *did I ?* |
| (2s)  | **gwrussys**   | **ny wrussys ta\*** *you did not*   | **a wrussys ta ?\*** *did you ?* |
| (3sm) | **gwrug**      | **ny wrug ev** *he did not*         | **a wrug ev ?** *did he ?* |
| (3sf) | **gwrug**      | **ny wrug hi** *she did not*        | **a wrug hi ?** *did she ?* |
| (1p)  | **gwrussyn**   | **ny wrussyn ni** *we did not*      | **a wrussyn ni ?** *did we ?* |
| (2p)  | **gwrussowgh** | **ny wrussowgh hwi** *you did not*  | **a wrussowgh hwi ?** *did you ?* |
| (3p)  | **gwrussons**  | **ny wrussons i** *they did not*    | **a wrussons i ?** *did they ?* |

*usually contracted to **ny wruss'ta** and **a wruss'ta ?**

---

**#163** The following examples show how past tenses can be made using **GUL** plus another verbal noun or by using the past tense of that verb itself. At this stage either of these two forms can be used.

1. **Hi a wrug neuvya dhe'n treth.** *(She did swim . . .)*      **Hi a neuvyas dhe'n treth** *(She swam . . .)*
2. **Ni a wrug gweles lies skath.** *(We did see . . . )*      **Ni a welas lies skath.** *(We saw . . .)*
3. **My a wrug dybri pasti bras.** *(I did eat . . .)*      **My a dhybris pasti bras.** *(I ate . . .)*
4. **I a wrug dalleth an ober.** *(They did start . . .)*      **I a dhallathas an ober.** *(They started . . .)*
5. **Ty a wrug prena lostenn nowydh.** *(You did buy . . .)*      **Ty a brenas lostenn nowydh.** *(You bought . . .)*

---

**#164** The personal forms of **GUL** in verbal sentences can be used to make each of these sentences negative or questions, e.g.  She didn't swim to the beach.     **Ny wrug hi neuvya dhe'n treth.**

        Did we see many boats ?     **A wrussyn ni gweles lies skath ?**

---

**#165 OBER**  Put each of the sentences in **#163** in negative and question form, using the personal past form of **GUL** and another verb.

> **Make up some more of your own examples using this patterns**

---

**#166** As before, answers to questions are made by repeating the appropriate form of the verb, unmutated if the answer is *'yes'* or with the particle **NA** followed by a soft mutation if it is *'no'*.

     **A wrug ev gweles an fylm ?**     **Gwrug, ev a welas (a wrug gweles) an fylm.**
     **A wrussons i dos ?**     **Na wrussons, ny wrussons i dos.**
     **A wrussyn ni difuna ?**     **Gwrussyn, ni a dhifunas (a wrug difuna).**
     **A wruss'ta gweres ?**     **Na wrug, ny wrug vy gweres.**

| #167 GERVA | tesenn *f* | y'n tren | alhwedh *m* | palas | chapel *m* | kelli |
|---|---|---|---|---|---|---|
| | cake | by train | key | to dig | chapel | to lose |

**#168 OBER** *Using the pattern in* **#166**, *translate the following into Cornish. Then give a suitable 'yes' or 'no' answer.*

*1. Did she eat the cake ?*
*2. Did they go by train ?*
*3. Did you lose the key ?*

*4. Did he dig the garden ?*
*5. Did they sing in chapel ?*

**Add some of your own examples**

**#169** *The same sort of questions can be asked using the past tense of* **GUL** *as those in #136 and #138. Below are some examples using the 'I' and 'you' forms. Using other items, days, places, practise these patterns. When you feel confident go on to use the same ideas with the 'he', 'she', 'we' and 'they' forms with* **GUL**.

Ple hwruss'ta mos hedhyw ?    **My a wrug mos dhe'n soedhva** *or* **Dhe'n soedhva y hwrug vy mos.**
P'eur hwruss'ta mos dhe'n treth ?    **My a wrug mos dhe'n treth dy' Lun** *or* **Dy' Lun y hwrug vy mos.**
Fatell wruss'ta mos ena ?    **My a wrug mos y'n karr** *or* **Y'n karr y hwrug vy mos.**
Prag y hwruss'ta mos dhe'n kikti ?    **My a wrug mos ena rag prena kig** *or* **Rag prena kig y hwrug vy mos.**
Pandr'a wruss'ta prena y'n popti ?    **My a wrug prena tesenn y'n popti** *or* **Tesenn a wrug vy prena.**

**#170** Pronoun objects: in a sentence such as *'I see the book'*, *'book'* is the object of the verb *'see'*. Instead we could say *'I see it'* where *'it'* refers to *'the book'*. In this example *'it'* is the pronoun object. It is important to remember that in Cornish all nouns are masculine or feminine in gender.

When an auxiliary verb (**GUL, MYNNES, GALLOES**) is used with another verbal noun (e.g. **gweles, dybri**) the pronoun object is expressed by using a possessive adjective *(my, your, his, her, our, their; see #49)* which is placed between the auxiliary verb and the following verb.

| examples | meaning | (literal meaning) |
|---|---|---|
| **my a vynn** *hy* **gweles** | I want to see *her* | (I want her seeing) |
| **ny yll ev** *aga* **klywes** | he can't hear *them* | (he can't their hearing) |
| **hi a wrug** *ow* **gweskel** | she hit *me* | (she did my hitting) |

Remember these possessive adjectives are:    **OW** *(my)*, **HY** *(her)*, **AGA** *(their)* plus breathed mutation #52;
**DHA** *(your* s), **Y** *(his)* plus soft mutation;
**AGAN** *(our)*, **AGAS** *(your* p).

| #171 GERVA | sinema *m* | aswonn | dalleth |
|---|---|---|---|
| | cinema | to know (person/place) | to begin |

**#172 KESKOWS (der an pellgowser)** *(pronoun objects in italics)*

| | |
|---|---|
| Jori: | **Gorthugher da, Jenifer ! Fatla genes ? A vynn'ta dos genev dhe'n sinema a-vorow ? Yma fylm da. A vynn'ta** *y* **weles ?** |
| Jenifer: | **Mynnav sur. Dhe by eur y hwra dalleth ?** |
| Jori: | **An fylm a wra dalleth dhe eth eur. Ple hallav** *dha* **weles ?** |
| Jenifer: | **Yma boesti ogas dhe'n sinema. A wre'ta** *y* **aswonn ?** |
| Jori: | **My a wra** *y* **aswonn. A wre'ta** *ow* **gortos ena, ytho ?** |
| Jenifer: | **Gwrav. My a wra** *dha* **weles ena dhe seyth eur hanter.** |
| Jori: | **Da lowr. My a wra** *y* **skrifa yn ow dydhlyver.** *Dha* **weles a-vorow, ytho !** |

**#173 OBER** *From the* **KESKOWS #172** *pick out each phrase containing a pronoun object, translate it literally and then put it into normal English.*

---

**#174 GERVA**

| estyllenn *f* | grisyow *p* | te *m* | medhyk *m* |
|---|---|---|---|
| shelf | stairs | tea | doctor |

---

**#175 OBER** *Translate into Cornish:*

1. He does know me.
2. She saw (did see) them on the shelf.
3. They ate (did eat) it (f the cake) for tea.
4. He heard us on the stairs.
5. We closed it (f the window).

6. I didn't do it (m).
7. You can't eat them !
8. The doctor can see you now.
9. George wants to drink it (m the milk).
10. Did you like them ?

---

**#176 BOS** *(to be) imperfect past tense.*

*a)* **short** *form used in descriptions i.e. with* **nouns** *and* **adjectives***:*

*b)* **long** *form used with* **position** *and* **present participles***:*

| yth/nyns/nag | en vy | *I was* | esen vy |
|---|---|---|---|
| | es ta | *you were* | eses ta |
| | o ev | *he/it was* | esa ev |
| | o hi | *she/it was* | esa hi |
| | en ni | *we were* | esen ni |
| | ewgh hwi | *you were* | esewgh hwi |
| | ens i | *they were* | esens i |

---

**#177 OBER** *Translate into English and try to see why each particular form is appropriate.*

| | |
|---|---|
| **Studhyer en vy.** | **Yth esen vy y'n chi.** |
| **Tiek o ev.** | **Yth esa ev y'n park.** |
| **Skwith ens i.** | **Yth esens i ow tybri.** |
| **Nyns o teg an gewer.** | **Nyns esa an howl ow splanna.** |
| **Nyns o hi lowen.** | **Nyns esa hi tre.** |
| **Es ta dyskador ?** | **Eses ta ow koslowes ?** |

---

**#178 OBER** *Turn back to the reading #66 and rewrite the passage using the past imperfect form of* **BOS***. Start off:* **Yth esa Mestres Penngelli gans hy mab Peder y'n esedhva.**

*For the rest of the passage use the relevant part of* **BOS** *from #176. Then take the examples from #76 and put them into the past tense and give a translation.*

---

**#179** *Conjunctions: these are words which link together two phrases. The following group of conjunctions cause mutation of the verb. The verb must come directly after the conjunction in Cornish (although this will be different to the English word order).* **DELL** *(as),* **KETTELL** *(as soon as) and* **PAN** *(when) all cause the second (soft) mutation.*

| | |
|---|---|
| **Yth esa hi owth eva te** *pan dheuth* **Peder y'n gegin.** | *She was drinking tea* when came *Peder into the kitchen.* |
| **An maw a boenyas** *kettell wrug* **ev gweles an tarow.** | *The boy ran* as soon as *did he see the bull.* |
| **I a wrug klywes tros** *dell esens* **i ow kerdhes.** | *They heard a noise* as were *they walking.* |

**#180** PUR *(very)*, **RE** *(too)* and **MAR** *(as/so)* are three useful words used with adjectives. Each causes a second (soft) mutation e.g.

**toemm** *(hot)*;       **pur doemm** *(very hot)*;       **re doemm** *(too hot)*;       **mar doemm** *(so hot)*

*What do the following mean ?*

| pur dha | re wann | mar blos | pur lyb | mar deg | re doemm | pur bell | mar lan |
| --- | --- | --- | --- | --- | --- | --- | --- |

**Go back to the list of adjectives in #18 for further practice.**

---

## #181 GERVA

| | | |
| --- | --- | --- |
| **dydh** *m day* | **kerdhes** *to walk* | **a-hys** *along* |
| **kerdh** *m walk* | **lamma** *to jump* | **war-tu ha** *towards* |
| **arvor** *m coast* | **omdhiwiska** *to undress* | **hir** *long* |
| **morvleydh** *m shark* | **garma** *to shout* **(ow karma)** | **diworth** *(away) from* |
| **ebrenn** *f sky* | **omglywes** *to feel* | **skwith** *tired* |
| **fordh** *f road* | **neuvya** *to swim* | **kompes** *smooth* |
| **kommol** *p clouds* | | **distowgh** *suddenly* |
| **dowr** *m water* | | **pell** *far, distant* |
| **koweth** *m friend* | **hwans** *a want/desire* | **yma hwans dhymm** *I want* |

---

**#182 REDYANS** *using past (preterite) tenses and the imperfect tense of* **BOS**. *Look out for use of conjunctions.*

Dydh pur deg y'n hav o. Yth esa Peder ha'y goweth Talan ow mos dhe'n treth. Dell esens i ow kerdhes a-hys an fordh war-tu ha'n arvor, yth esa an howl ow splanna. Nyns esa kommol y'n ebrenn. Kerdh hir o diworth aga chi ha toemm ha pur skwith ens i. Yth esa hwans bras dhedha a lamma y'n mor ha neuvya.

Pan dheuth an dhew dhen yowynk dhe'n treth, an mor o kompes ha glas. Yth esa Peder ha Talan owth omdhiwiska pan armas Peder distowgh:

'Re'n Jowl ! Mir orth henna Talan !'

Talan a dreylyas y benn. Pandr'a wrug ev gweles ? Yth esa morvleydh bras ow neuvya ena, ha nyns esa pell diworth an treth. Kettell welas Talan an morvleydh, ev a leveris dh'y goweth:

'Ny wrav vy omglywes mar doemm lemmyn ! Ny vynnav vy neuvya omma !'

Ha gans henna, an dhew goweth eth arta dhe-dre.

---

**#183** **GOVYNNADOW yn kever an redyans**
*(Questions about the reading)*

**Gorthybewgh yn Kernewek**
*(Answer in Cornish)*

1. Fatell o an jydh ?
2. Esa an howl ow splanna ?
3. Piw esa ow kerdhes a-hys an fordh ?
4. O an kerdh hir po berr ?

5. Ple hwrussons i omdhiwiska ?
6. Fatell o an mor ?
7. Pandr'a welas Peder ?
8. Ple'th esa an morvleydh ?

**#184** *Past (preterite) tense of* **MYNNES** *and* **GALLOES**

a) *impersonal (nominal) form*    **MYNNES**                **GALLOES**

| | **MYNNES** | | **GALLOES** | |
|---|---|---|---|---|
| (1s) | my a vynnas | *I wanted* | my a allas | *I could/was able* |
| (2s) | ty a vynnas | *you wanted* | ty a allas | *you could/ were able* |
| (3sm) | ev a vynnas | *he wanted* | ev a allas | *he could/ was able* |
| (3sf) | hi a vynnas | *she wanted* | hi a allas | *she could/was able* |
| (1p) | ni a vynnas | *we wanted* | ni a allas | *we could/were able* |
| (2p) | hwi a vynnas | *you wanted* | hwi a allas | *you could/were able* |
| (3p) | i a vynnas | *they wanted* | i a allas | *they could/were able* |

b) *personal (verbal) form*    unmutated                   unmutated

| | unmutated | unmutated |
|---|---|---|
| (1s) | mynnis | gyllis |
| (2s) | mynnsys | gyllsys |
| (3sm) | mynnas | gallas |
| (3sf) | mynnas | gallas |
| (1p) | mynnsyn | gyllsyn |
| (2p) | mynnsowgh | gyllsowgh |
| (3p) | mynnsons | gallsons |

---

**#185** *The rules for using these, and the mutations caused, are as those for the present tense* (**MYNNES #85** *and* **GALLOES #93**). *Checking back to those sections, set out some examples of* **MYNNES** *and* **GALLOES** *in negative and question form in the past tense.*

---

**#186** *Examples of verb forms using the first person singular ('I') and the verb* **KOSKA** *('to sleep') and showing all the possible combinations met in this book.*

| | statement | negative | question |
|---|---|---|---|
| present | **my a gosk**<br>*I sleep*<br>**my a wra koska**<br>*I do sleep* | **ny wrav vy koska**<br>*I don't sleep* | **a wrav vy koska ?**<br>*do I sleep ?* |
| | **yth esov vy ow koska**<br>*I am sleeping* | **nyns esov vy ow koska**<br>*I am not sleeping* | **esov vy ow koska ?**<br>*am I sleeping ?* |
| | **my a vynn koska**<br>*I want to sleep* | **ny vynnav vy koska**<br>*I don't want to sleep* | **a vynnav vy koska ?**<br>*do I want to sleep ?* |
| | **my a yll koska**<br>*I can sleep* | **ny allav vy koska**<br>*I can't sleep* | **a allav vy koska ?**<br>*can I sleep ?* |
| past | **my a goskas**<br>*I slept*<br>**my a wrug koska**<br>*I did sleep* | **ny wrug vy koska**<br>*I did not sleep* | **a wrug vy koska ?**<br>*did I sleep ?* |
| | **yth esen vy ow koska**<br>*I was sleeping* | **nyns esen vy ow koska**<br>*I wasn't sleeping* | **esen vy ow koska ?**<br>*was I sleeping ?* |
| | **my a vynnas koska**<br>*I wanted to sleep* | **ny vynnis vy koska**<br>*I didn't want to sleep* | **a vynnis vy koska ?**<br>*did I want to sleep ?* |
| | **my a allas koska**<br>*I was able to sleep* | **ny yllis vy koska**<br>*I couldn't sleep* | **a yllis vy koska ?**<br>*was I able to sleep ?* |

---

## #187 GERVA

| | | | |
|---|---|---|---|
| klav *ill* | tus *p people* | war *on* | orth *at/to* |
| yagh *well* | an dus *the people* | warnav *on me* | orthiv *at me* |
| feusik *lucky* | fetha *to beat* | warnas *on you* | orthis *at you* |
| nyhewer *last night* | anwoes *m cold* | warnodho *on him/it* | orto *at him/it* |
| kepar ha *as, like* | kas yw genev *I hate* | warnedhi *on her/it* | orti *at her/it* |
| heb mar *without doubt* | dhe les *interesting* | warnan *on us* | orthyn *at us* |
| dell hevel *it seems* | meur dhe les *very interesting* | warnowgh *on you* | orthowgh *at you* |
| dell dybav *so I suppose* | y'm *in my* | warnedha *on them* | orta *at them* |

---

## #188 KESKOWS

**Jori:** My a vynnas gweles an fylm y'n bellwolok nyhewer mes klav en vy ha res o dhymm gortos y'm gweli.

**Maria:** Ogh, drog yw genev klywes henna. Yagh os ta lemmyn, dell hevel.

**Jori:** Gwir. Yth esa anwoes euthek warnav, dell dybav. A wruss'ta mires orto ?

**Maria:** Gwrug. My a wrug y weles.

**Jori:** Fatell o an fylm na, ytho ? Da o ev ?

**Maria:** Nyns o an fylm na meur dhe les. Kepar ha pup-prys an den da a fethas an dus dhrog !

**Jori:** A wrug ev kavoes an venyn deg ynwedh ?

**Maria:** Gwrug, heb mar.

**Jori:** Feusik en vy bos klav yn gweli, ytho ! Kas yw genev fylmow a'n par na !

---

## #189 OBER   *Translate, and if possible add to the sentences:*

*1. I was ill last night.*
*2. The programme was very good.*
*3. I had a cold it seems.*
*4. I was in bed last night.*
*5. There was a young man there.*

*6. I wanted to listen to the radio.*
*7. Did you hear the news ?*
*8. I could not sleep last night.*
*9. I hate to see sad films.*
*10. I prefer to listen to records.*

---

**#190** Comparison of adjectives: Comparative adjectives are normally made in Cornish by adding **A** to the adjective and doubling (and sometimes hardening) the final consonant. This also shortens the vowel length.

| bras > brassa | glan > glanna | teg > tekka | hir > hirra | koth > kottha |
|---|---|---|---|---|
| *big    bigger* | *clean   cleaner* | *fine   finer* | *long   longer* | *old     older* |

---

## #191 AGES *(than)*

Jori yw brassa ages Maria.          *George is bigger than Mary.*
Maria yw berra ages Jori.          *Mary is shorter than George.*
An eglos yw kottha ages an tavern.   *The church is older than the inn.*

| | |
|---|---|
| agesov (vy) | *than I* |
| agesos (ta) | *than you* |
| agesso (ev) | *than he* |
| agessi (hi) | *than she* |
| ageson (ni) | *than we* |
| agesowgh (hwi) | *than you* |
| agessa (i) | *than they* |

---

**#192** Note the following differences in word order and try some of your own examples:

| | |
|---|---|
| bras *(big)* | ughel *(high)* |
| brassa *(bigger)* | ughella *(higher)* |
| den bras *(a big man)* | tour ughel *(a high tower)* |
| an brassa *(the biggest)* | tour ughella *(a higher tower)* |
| an brassa den *(the biggest man)* | an ughella *(the highest)* |
| | an ughella tour *(the highest tower)* |

---

## #194 KESKOWS

| | |
|---|---|
| Jori: | My yw hirra agesos, Yowann ! |
| Yowann: | Gwir, mes kottha os ta ynwedh. Byttegyns, my yw hirra ages Maria. |
| Jori: | Ha Peder, yw ev mar hir agesos, Maria ? |
| Maria: | Yw; Peder yw hirra agesov. My yw an yowynka ha'n byghanna ynwedh. Byttegyns, my yw furra agesowgh hwi oll ! |
| Oll: | Nag os ! |

---

**#195 MOY** and **MOYHA** are used with adjectives of more than two syllables e.g.

**boghosek** *(poor)*
**moy boghosek** *(poorer/more poor)*
**an moyha boghosek** *(poorest/the most poor)*

**#196** Irregular comparison of adjectives:

| | | |
|---|---|---|
| **da** *(good)* | gwell | an gwella |
| **drog** *(bad)* | gweth | an gwettha |
| **meur** *(much)* | moy | an moyha |
| **byghan** *(little)* | le | an lyha |
| **ogas** *(near)* | nes | an nessa |

---

**#197 MAR . . . AVEL . . .**     *(as . . . as . . .)*

(**mar** *causes soft mutation*)

| | |
|---|---|
| **mar wynn avel ergh** | *as white as snow* |
| **mar dhu avel glow** | *as black as coal* |
| **mar goth avel an menydhyow** | *as old as the mountains* |

| | |
|---|---|
| **avelov (vy)** | *as I* |
| **avelos (ta)** | *as you* (s) |
| **avello (ev )** | *as he/it* |
| **avelli (hi)** | *as she/it* |
| **avelon (ni)** | *as we* |
| **avelowgh (hwi)** | *as you* (p) |
| **avella (i)** | *as they* |

---

## #198 OBER

1. She is older than I.
2. My shoes are dirtier now.
3. The bridge is lower than the bus.
4. This chair is wider than the door.
5. The worst beer in Cornwall.
6. This wine is better.
7. As sad as she.
8. As tall as you.
9. The nearest pub.
10. They are younger than we.

---

**#199** Adverbs: an adverb is a word which describes a verb, e.g. *'he sang badly'*, where the word *'badly'* describes *'sang'* not *'he'*. (English adverbs usually end in *-LY*. In Cornish adverbs are made by putting **YN** in front of an adjective. **YN** causes a fifth (mixed) mutation (compare with **#136**).

| | B | D | G | M |
|---|---|---|---|---|
| initial letter: | B | D | G | M |
| after mixed mutation: | **F** | **T** | **H** | **F** |

| Examples: | | | | |
|---|---|---|---|---|
| **berr** short, brief | > | **yn ferr** shortly |
| **da** good | > | **yn ta** well |
| **garow** rough | > | **yn harow** roughly |
| **gwir** true | > | **yn hwir** truly |
| **meur** great | > | **yn feur** greatly |

**#200 OBER**   *Complete these sentences and translate them into English.*

1. Hi a boenyas *(strongly)*.
2. I a wrug kewsel *(well)*.
3. Ev a armas *(loudly)*.
4. My a wra y wul *(happily)*.
5. Ni a neuvyas *(strongly)*.

6. Ty a gerdhas *(slowly)*.
7. Yth esen vy ow redya *(quietly)*.
8. Hi a goskas *(heavily)*.
9. Ev a wrug hy hara *(greatly)*.
10. I a gewsis *(at length/long)*.

---

**#201** Future tenses: future tenses of all verbs except **BOS** and the auxiliary verbs (**MYNNES** and **GALLOES**) are formed as described in **#128/129** by using the present tense of **GUL** and another verbal noun.

---

**#202 BOS** has a separate future tense (but without long and short forms).

Impersonal form (nominal sentences)

|        | subject + | **a vydh** | + a complement | meaning |
|--------|-----------|------------|----------------|---------|
| (1s)   | **my**    | **a vydh** | **lowen**        | *I will be happy* |
| *(2s)* | **ty**    | **a vydh** | **dyskador da**  | *you will be a good teacher* |
| (3sm)  | **ev**    | **a vydh** | **tiek**         | *he will be a farmer* |
| (3sf)  | **hi**    | **a vydh** | **y'n dre**      | *she will be in town* |
| (1p)   | **ni**    | **a vydh** | **skwith**       | *we will be tired* |
| (2p)   | **hwi**   | **a vydh** | **serrys**       | *you will be angry* |
| (3p)   | **i**     | **a vydh** | **ow tybri**     | *they will be eating* |

---

**#203** The personal forms (verbal sentences) are:

|        | unmutated   | negative | question |
|--------|-------------|----------|----------|
| (1s)   | **bydhav**   | **ny vydhav** *I will not be* | **a vydhav ?** *will I be ?* |
| (2s)   | **bydhydh**  | **ny vydhydh ta*** *you will not be* | **a vydhydh ta** * *will you be ?* |
| (3sm)  | **bydh**     | **ny vydh ev** *he will not be* | **a vydh ev ?** *will he be ?* |
| (3sf)  | **bydh**     | **ny vydh hi** *she will not be* | **a vydh hi ?** *will she be ?* |
| (1p)   | **bydhyn**   | **ny vydhyn ni** *we will not be* | **a vydhyn ni ?** *will we be ?* |
| (2p)   | **bydhowgh** | **ny vydhowgh hwi** *you will not be* | **a vydhowgh hwi ?** *will you be ?* |
| (3p)   | **bydhons**  | **ny vydhons i** *they will not be* | **a vydhons i ?** *will they be ?* |

* sometimes contracted to **ny vydh'ta** and **a vydh'ta**.

---

**#204 OBER**   *Translate the following using the impersonal future tense of* **BOS**.

1. They will be happy.
2. I will be there at eight.
3. We will be in Penzance.
4. They will be wet !
5. The weather will be cold.

6. She will be late **(diwedhes)**.
7. George will be sad to hear the news.
8. The dog will be at home.
9. You will be heard **(klywys)**.
10. He will be good.

---

**#205 OBER**   *Put each of the sentences in* **#204** *into negative and question form, e.g* 'they won't be happy'; 'will they be happy ?'. *Translate into Cornish.*

---

## Ystynnans (Appendix) 1
## Synsasow (Contents)

**Ystynnans** (Appendix) **2**: **Rannow Verbow** (Parts of Verbs) Reference Table

Notes: look out for some of the following points:

    a) irregular verbs such as **bos, dos, mos, ri, dri, doen, godhvos**;

    b) changes in vowels in verbs which are otherwise regular, e.g. **igeri, a iger, a igoras**;

    c) verbs with **-IS** in the preterite, e.g. **dybri, a dhybris**;

    d) mutations after particles $A^2$ and $OW^4$;

    e) verbs which are stems in themselves, e.g. **dalleth, a dhalleth**; **aswonn, a aswonn**.

Column 1 is the verb-noun (or infinitive or 'dictionary' form) which can be used with auxiliary verbs **gul, mynnes, galloes**, e.g., **ev a wrug** *difuna*, **hi a vynn** *gorthybi*, **ny yllyn** *dos*.

Columns 3, 4 and 5 give the impersonal (nominal) forms which can be used with any pronoun subject (except in questions and negative sentences) and all noun subjects, e.g. **my aswonn, ty a aswonn** etc.

Column 6 gives the present participle which is used with the long forms of **bos**, e.g. **ymons i** *ow tybri*, **nyns usi ev** *ow kwari*.

| Column 1<br>*Verb-noun<br>(infinitive)* | Column 2<br>*English<br>meaning* | Column 3<br>*Present<br>(impersonal)* | Column 4<br>*Preterite<br>(impersonal)* | Column 5<br>*Future<br>(impersonal)* | Column 6<br>*Present<br>participle* |
|---|---|---|---|---|---|
| aswonn | to know | a aswonn | a aswonnis | a wra aswonn | owth aswonn |
| bos | to be | yw | a veu | a vydh | ow pos |
| bryjyon | to boil | a vros | a vrojyas | a wra bryjyon | ow pryjyon |
| dalleth | to begin | a dhalleth | a dhallathas | a wra dalleth | ow talleth |
| daskorr | to give back | a dhaskorr | a dhaskorras | a wra daskorr | ow taskorr |
| degea | to close | a dhege | a dhegeas | a wra degea | ow tegea |
| dehweles | to go back | a dhehwel | a dhehwelis | a wra dehweles | ow tehweles |
| difuna | to wake up | a dhifun | a dhifunas | a wra difuna | ow tifuna |
| diwedha | to end | a dhiwedh | a dhiwedhas | a wra diwedha | ow tiwedha |
| diwiska | to take off | a dhiwisk | a dhiwiskas | a wra diwiska | ow tiwiska |
| doen | to carry | a dheg | a dhug | a wra doen | ow toen |
| donsya | to dance | a dhons | a dhonsyas | a wra donsya | ow tonsya |
| dos | to come | a dheu | a dheuth | a wra dos | ow tos |
| drehedhes | to reach | a dhrehedh | a dhrehedhas | a wra drehedhes | ow trehedhes |
| dri | to bring | a dhre | a dhros | a wra dri | ow tri |
| dybri | to eat | a dheber | a dhybris | a wra dybri | ow tybri |
| dyski | to learn | a dhysk | a dhyskas | a wra dyski | ow tyski |
| esedha | to sit down | a esedh | a esedhas | a wra esedha | owth esedha |
| eva | to drink | a yv | a evas | a wra eva | owth eva |
| fetha | to beat | a feth | a fethas | a wra fetha | ow fetha |
| fistena | to hurry | a fisten | a fistenas | a wra fistena | ow fistena |
| galloes | to be able | a yll | a allas | *(not used)* | *(not used)* |
| garma | to shout | a arm | a armas | a wra garma | ow karma |
| gasa | to leave, let | a as | a asas | a wra gasa | ow kasa |
| gelwel | to name | a elow | a elwis | a wra gelwel | ow kelwel |
| glanhe | to clean | a lanha | a lanhas | a wra glanhe | ow klanhe |
| godhvos | to know | a woer | a wodhva | a wra godhvos | ow kodhvos |
| godra | to milk | a woder | a wodras | a wra godra | ow kodra |
| goelya | to sail | a woel | a woelyas | a wra goelya | ow koelya |
| golghi | to wash | a wolgh | a wolghas | a wra golghi | ow kolghi |
| gorra | to put | a worr | a worras | a wra gorra | ow korra |
| gorthybi | to answer | a worthyb | a worthybis | a wra gorthybi | ow korthybi |
| gortos | to wait for | a worta | a wortas | a wra gortos | ow kortos |
| gorwedha | to lie down | a worwedh | a worwedhas | a wra gorwedha | ow korwedha |
| goslowes | to listen | a woslow | a woslowas | a wra goslowes | ow koslowes |
| govynn | to ask | a wovynn | a wovynnas | a wra govynn | ow kovynn |
| gul | to do/make | a wra | a wrug | a wra gul | ow kul |

| Column 1 Verb-noun (infinitive) | Column 2 English meaning | Column 3 Present (impersonal) | Column 4 Preterite (impersonal) | Column 5 Future (impersonal) | Column 6 Present participle |
|---|---|---|---|---|---|
| gwari | to play | a wari | a warias | a wra gwari | ow kwari |
| gweles | to see | a wel | a welas | a wra gweles | ow kweles |
| gweres | to help | a weres | a weresas | a wra gweres | ow kweres |
| gwertha | to sell | a werth | a werthas | a wra gwertha | ow kwertha |
| gweskel | to hit | a wysk | a weskis | a wra gweskel | ow kweskel |
| gwiska | to dress, wear | a wisk | a wiskas | a wra gwiska | ow kwiska |
| gwitha | to keep | a with | a withas | a wra gwitha | ow kwitha |
| hcdhi | to stop | a hcdh | a hcdhis | a wra hcdhi | owth hcdhi |
| hwerthin | to laugh | a hwerth | a hwarthas | a wra hwerthin | ow hwerthin |
| igeri | to open | a iger | a igoras | a wra igeri | owth igeri |
| kana | to sing | a gan | a ganas | a wra kana | ow kana |
| kara | to love, like | a gar | a garas | a wra kara | ow kara |
| kavoes | to get | a gyv | a gavas | a wra kavoes | ow kavoes |
| kelli | to lose | a gyll | a gollas | a wra kelli | ow kelli |
| kemmeres | to take | a gemmer | a gemmeras | a wra kemmeres | ow kemmeres |
| kerdhes | to walk | a gerdh | a gerdhas | a wra kerdhes | ow kerdhes |
| kewsel | to speak | a gews | a gewsis | a wra kewsel | ow kewsel |
| klappya | to chatter | a glapp | a glappyas | a wra klappya | ow klappya |
| koska | to sleep | a gosk | a goskas | a wra koska | ow koska |
| kyrghes | to fetch | a gyrgh | a gyrghas | a wra kyrghes | ow kyrghes |
| lamma | to jump | a lamm | a lammas | a wra lamma | ow lamma |
| lenwel | to fill | a lenow | a lenwis | a wra lenwel | ow lenwel |
| leverel | to say | a lever | a leveris | a wra leverel | ow leverel |
| liwya | to colour | a liw | a liwyas | a wra liwya | ow liwya |
| lywya | to drive | a lyw | a lywyas | a wra lywya | ow lywya |
| maga | to feed | a vag | a vagas | a wra maga | ow maga |
| megi | to smoke | a veg | a vogas | a wra megi | ow megi |
| mires | to look | a vir | a viras | a wra mires | ow mires |
| mos | to go | a | eth | a wra mos | ow mos |
| mynnes | to want | a vynn | a vynnas | (not used) | (not used) |
| neuvya | to swim | a neuv | a neuvyas | a wra neuvya | ow neuvya |
| oberi | to work | a ober | a oberas | a wra oberi | owth oberi |
| pareusi | to prepare | a bareus | a bareusas | a wra pareusi | ow pareusi |
| plegya | to fold | a bleg | a blegyas | a wra plegya | ow plegya |
| prederi | to think | a breder | a brederis | a wra prederi | ow prederi |
| prena | to buy | a bren | a brenas | a wra prena | ow prena |
| ri | to give | a re | a ros | a wra ri | ow ri |
| seni | to ring | a sen | a sonas | a wra seni | ow seni |
| serri | to get angry | a serr | a sorras | a wra serri | ow serri |
| sevel | to get up | a sev | a sevis | a wra sevel | ow sevel |
| skrifa | to write | a skrif | a skrifas | a wra skrifa | ow skrifa |
| splanna | to shine | a splann | a splannas | a wra splanna | ow splanna |
| synsi | to hold | a syns | a synsis | a wra synsi | ow synsi |
| tenna | to pull | a denn | a dennas | a wra tenna | ow tenna |
| terri | to break | a derr | a dorras | a wra terri | ow terri |
| treylya | to turn | a dreyl | a dreylyas | a wra treylya | ow treylya |
| tremena | to pass | a dremen | a dremenas | a wra tremena | ow tremena |
| triga | to live | a drig | a drigas | a wra triga | ow triga |
| tyli | to pay | a dal | a dylis | a wra tyli | ow tyli |
| yskynna | to go up | a yskynn | a yskynnas | a wra yskynna | owth yskynna |
| ystynna | to extend | a ystynn | a ystynnas | a wra ystynna | owth ystynna |

## Ystynnans (Appendix) 3: Parts of **BOS** and auxiliary verbs used in this book:

| | BOS *present short* | BOS *present long* | BOS *imperfect short* | BOS *imperfect long* | BOS *future* | *[enclitic] for clarity but not needed]* |
|---|---|---|---|---|---|---|
| 1s | ov | esov | en | esen | bydhav | [vy] |
| 2s | os | esos | es | eses | bydhydh | [ta] |
| 3s | yw | yma/usi | o | esa | bydh | [ev/hi] |
| 1p | on | eson | en | esen | bydhyn | [ni] |
| 2p | owgh | esowgh | ewgh | esewgh | bydhowgh | [hwi] |
| 3p | yns | ymons/esons | ens | esens | bydhons | [i] |

| | GUL *present* | GUL *preterite* | GALLOES *present* | GALLOES *preterite* | MYNNES *present* | MYNNES *preterite* | *[enclitic] for clarity but not needed]* |
|---|---|---|---|---|---|---|---|
| 1s | gwrav | gwrug | gallav | gyllis | mynnav | mynnis | [vy] |
| 2s | gwredh | gwrussys | gyllydh | gyllsys | mynnydh | mynnsys | [ta] |
| 3s | gwra | gwrug | gyll | gallas | mynn | mynnas | [ev] |
| 1p | gwren | gwrussyn | gyllyn | gyllsyn | mynnyn | mynnsyn | [ni] |
| 2p | gwrewgh | gwrussowgh | gyllowgh | gyllsowgh | mynnowgh | mynnsowgh | [hwi] |
| 3p | gwrons | gwrussons | gyllons | gallsons | mynnons | mynnsons | [i] |

## Ystynnans (Appendix) 4: Table of Mutation of Initial Consonants:

| intial letter: | *B* | *CH* | *D* | *G* | *K* | *M* | *P* | *T* |
|---|---|---|---|---|---|---|---|---|
| after second (soft) mutation (lenition): | ²V | ²J | ²DH | ²W/²-* | ²G | ²V | ²B | ²D |
| after third (spirant or breathed) mutation: | *B* | *CH* | *D* | *G* | ³H | *M* | ³F | ³TH |
| after fourth (hard) mutation (provection): | ⁴P | *CH* | ⁴T | ⁴K | *K* | *M* | *P* | *T* |
| after fifth (mixed) mutation: | ⁵F | *CH* | ⁵T | ⁵H | *K* | ⁵F | *P* | *T* |

\* i.e. **g** changes to **w (goedh, an woedh)**, or drops altogether **(gwedrenn, an wedrenn)**

**Second mutation** comes after **AN²** *(the)* (fs nouns, and mp nouns denoting persons and adjectives following them) and **UNN²** *(one)* (fs nouns); the numbers **DEW²** *(two, m)*, **DIW²** *(two, f)* and **MIL²** *(thousand)*; the verbal particles **A², NY², NA²** and **RE²**, and prepositions **A²** *(from)*, **DHE²** *(to)*, **WAR²** *(on)*, **YN-DANN²** *(under)* and **DRE²** *(through);*. Second mutation also affects verbs after conjunctions **PAN²** *(when)*, **DELL²** *(as)*, **FATELL²** *(how)* and **KETTELL²** *(as soon as)*; adjectives after **PUR²** *(very)*, **RE²** *(too)* and **MAR²** *(as, so)*; and nouns after possessive adjectives **DHA²** *(your, s)* and **Y²** *(his)*.

**Third mutation** occurs after numbers **TRI³** *(three, m)* and **TEYR³** *(three, f)* and possessive adjectives **OW³** *(my)*, **HY³** *(her)* and **AGA³** *(their)*.

**Fourth mutation** occurs after particle **OW⁴**.

**Fifth mutation** occurs after **PLE⁵** *(where)*, **P'EUR⁵** *(when)*, verbal particle **Y⁵** and **YN⁵** with adverbs.

There are other causes of mutation but they are not dealt with in this book.

## berrheansow/abbreviations

| | |
|---|---|
| *m* | masc. noun / hanow gorow |
| *f* | fem. noun / hanow benow |
| *s* | singular / unnplek |
| *p* | plural / liesplek |
| *v* | verb |
| # | reference to section in book |
| [2] = | state of |
| [3] = | mutation |
| [4] = | caused to |
| [5] = | following word |

# A

| | |
|---|---|
| a[2] | from |
| a[2] | (particle used with questions) |
| a vynn'ta ? | do you want ? |
| a wre'ta ? | do you ? |
| a wruss'ta ? | did you? have you? |
| a wodhes ? | do you know ? |
| a yll'ta ? | can you ? |
| a-dal | opposite |
| a-dreus | across |
| a-dro | around |
| a-dryv | behind |
| aga[3] | their |
| agan | our |
| agas | your |
| ages | than (see #191) |
| a-hys | along |
| Alban *f* | Scotland |
| alhwedh, -ow *m* | key |
| amari, -s *f* | cupboard |
| amma (dhe) *v* | kiss |
| ammeth *f* | agriculture |
| an | the (softens fs and mp nouns (see #11)) |
| ankor *m* | anchor |
| anwoes *m* | cold (illness) |
| a-rag | in front of |
| arall *s* | other, another |
| aras *v* | to plough (owth aras) |
| arghans *m* | money, silver |
| arghantti, -ow *m* | bank (finance) |
| arvor, -yow | coast |
| askloes *p* | chips |
| ass! | how ! what a ! (see #24) |
| aswonn *v* | to recognise, to know (person or place) (owth aswonn) (see also godhvos) |
| aval, -ow *m* | apple |
| avel | as (see #197) |
| avon, -yow *f* | river |
| a-vorow | tomorrow |
| a-ugh | above |
| a-wosa | afterwards |
| a'y anvodh | reluctantly (3s) |
| a'y esedh | seated (3s) |

# B (mutates to [2]V, [5]F)

| | |
|---|---|
| baner, -yow *m* | flag |
| bara *m* | bread |
| bargen-tir *m* | farm |
| benow | feminine |
| benyn, -es *f* | woman |

| | |
|---|---|
| berr | short, brief |
| berrheans, ow *m* | abbreviation |
| bleujenn, -ow *f* | flower |
| blew *p* | hair |
| bloedh *m* | years of age |
| blydhen, blydhynyow *f* | year |
| boes *m* | food |
| boesti, -ow *m* | restaurant, café |
| boghosek | poor |
| bolla, -ow *m* | bowl |
| bos *v* | to be (see #75, 176) (ow pos) |
| bowji, -ow *m* | cowshed |
| bownder, -yow *f* | lane |
| bras | big |
| bre, -ow *f* | hill |
| bregh, -ow *f* | arm (diwvregh) |
| Breten Vyghan *f* | Brittany |
| Breton, -yon *m* | Breton |
| breus, -ow *f* | opinion |
| bro, -yow *f* | country |
| brithel, brithyli *m* | mackerel |
| broder, breder *m* | brother |
| bryjyon *v* | to boil (ow pryjyon) |
| bryjys | boiled |
| bryntin ! | great ! |
| bugh, -es *f* | cow |
| byghan | small |
| bys, -yes *m* | finger |
| bys | until |
| bys vykken | for ever |
| byttegyns | however |

# CH (mutates to [2]J)

| | |
|---|---|
| chambour, -yow *m* | bedroom |
| chapel, -yow *m* | chapel |
| chi, -ow *m* | house |
| chymbla, -ow *m* | chimney |

# D (mutates to [2]DH, [4]T, [5]T)

| | |
|---|---|
| da | good |
| da lowr | good enough, OK |
| da yw genev | I like |
| daffar *m* | equipment |
| dalleth *m* | beginning, start |
| dalleth *v* | to begin, start (ow talleth) |
| dans, dens *m* | tooth |
| daras, -ow *m* | door |
| dannvon *v* | to send (ow tannvon) |
| daskorr *v* | to give back, return (ow taskorr) |
| dasweles *v* | to revise, review (ow tasweles) |
| davas, deves *f* | sheep |
| degea *v* | to close, shut (ow tegea) |
| deg | ten |
| deghow | right (hand), South |
| degves | tenth |
| dehweles *v* | to go back, return (ow tewheles) |
| dell[2] | as. so |
| dell brederav | as I think |
| dell dybav | as I think |
| dell glywav | so I hear |
| dell grysav | so I believe |
| dell hevel | so it seems |
| dell lavarav | as I say |
| dell yw usys | as is usual |
| den, tus *m* | person, man |
| den-bal, tus-bal *m* | miner |

| | |
|---|---|
| der , dre | through, by means of |
| desedhys | situated |
| desk, -ow *m* | desk |
| dew[2] *m* | two |
| dewdhek | twelve |
| dewweder *p* | glasses, spectacles |
| dha[2] *s* | your |
| dha weles | see you |
| dhe[2] | to (dhymm etc #47) |
| dhe les | useful |
| dhe-ves | away (movement) |
| dhe-dre | homeward |
| diek | lazy |
| dien | complete, whole |
| difuna *v* | to wake up (ow tifuna) |
| difunell, -ow *f* | alarm clock |
| dillas *p* | clothes, clothing |
| distowgh | immediately |
| diw[2] *f* | two |
| diwedh *m* | end, finish |
| diwedha *v* | to end (ow tiwedha) |
| diwedhes | late |
| diwes *m* | drink |
| diwettha | later |
| diwiska *v* | to take off clothes (ow tiwiska) |
| diworth | away from |
| diwotti, -ow *m* | pub |
| doen *v* | to carry (ow toen) |
| dohajydh *m* | afternoon |
| dons, -yow *m* | dance |
| donsya *v* | to dance (ow tonsya) |
| dorn, -ow *m* | hand, fist (dewdhorn) |
| dornla, -ow *m* | handle |
| dowr, -ow *m* | water |
| dos *v* | to come (ow tos) |
| drehedhes *v* | to reach (ow trehedhes) |
| dres | beyond, past, through |
| dri *v* | to bring (ow tri) |
| drog | bad |
| drog yw genev | I am sorry |
| drog pes | displeased |
| du | black |
| dybri *v* | to eat (ow tybri) |
| dydh, -yow *m* | day (an jydh) |
| dydhlyver, -vrow *m* | diary |
| dyenn *m* | cream |
| dyenn rew *m* | ice cream |
| dy'goel, -yow *m* | holiday |
| dyskador, -yon *m* | teacher |
| dyskadores, -ow *f* | teacher |
| dyski *v* | to learn, teach (ow tyski) |
| dy' Sul | Sunday (see #110 for other days of the week) |
| Dyw *m* | God |
| dyw genes | goodbye |

# E

| | |
|---|---|
| ebrenn *f* | sky |
| edhen, ydhyn *f* | bird |
| eglos, -yow *f* | church |
| ena | there, then |
| ensampel, -plow *m* | example |
| enyval, -es *m* | animal |
| erell *p* | other |
| ergh *m* | snow |
| esedha *v* | to sit down (owth esedha) |
| esedhva -ow *f* | sitting room |

| | |
|---|---|
| esel, -i *m* | member, limb |
| eskis, -yow *f* | shoe |
| estyllenn, -ow *f* | shelf |
| etek | eighteen |
| eth | eight |
| eur, -yow *f* | hour, o'clock |
| euryor *f* | wrist-watch |
| euth *m* | horror |
| euthek | horrible |
| ev | he |
| eva *v* | to drink (*owth eva*) |
| ewn | correct, straight |

## F

| | |
|---|---|
| fatell[2] ? | how ? (*what something is like*) |
| fatla genes ? | how are you ? |
| fatell yw an gewer ? | what's the weather like ? |
| fenester, -tri *f* | window |
| fenten, | |
| fentynyow *f* | spring (*water*) |
| fest | very, extremely |
| fest da | extremely good |
| fetha *v* | to conquer, beat |
| feusik | lucky, fortunate |
| fistena *v* | to hurry, rush |
| flogh, fleghes *m* | child |
| folenn, -ow *f* | page, sheet of paper |
| fordh, -ow *f* | road |
| fordh-a-dro *f* | roundabout (*road*) |
| forn, -ow *f* | oven, stove |
| fos, -ow *f* | wall |
| fur | wise |
| fylm, -ow *m* | film |

## G (mutations ²-, ²W, ⁴K, ⁵H)

| | |
|---|---|
| galloes *v* | to be able, can (*see #91, 93, 184*) |
| gans | with (see #88) |
| garow | rough |
| garma | to shout (*ow karma*) |
| garth, -ow *m* | yard, enclosure |
| gasa *v* | to leave (*ow kasa*) |
| gell | brown |
| gelwel *v* | to call (*ow kelwel*) |
| gelwys | called |
| genys | born |
| ger, -yow *m* | word |
| gerva, -ow *f* | vocabulary |
| glan | clean |
| glanhe *v* | to clean (*ow klanhe*) |
| glas | blue, green (*of plants*) |
| glaw *m* | rain |
| glawlenn, -ow *f* | umbrella |
| glesin, -yow *m* | lawn |
| glyb | wet |
| glow | coal |
| godhvos *v* | to know (fact), to know how to (see #100) (see also **aswonn**) |
| godra *v* | to milk (*ow kodra*) |
| goedh, -ow *f* | goose |
| goel, -yow *m* | sail |
| goelya *v* | to sail (*ow koelya*) |
| goen, -yow *f* | downland, moor |
| goes *m* | blood |
| gokki | stupid, silly |
| golghi *v* | to wash (*ow kolghi*) |
| golow, -ys *m* | light |
| gols *m* | (head of) hair |
| gorhel, -holyon *m* | ship |
| gorow | masculine |

| | |
|---|---|
| gorra *v* | to put (*ow korra*) |
| gorsav, -ow *m* | station |
| gorthugher *m* | evening |
| gorthybi *v* | to answer, reply (*ow korthybi*) |
| gorthyp, -ybow *m* | answer, reply |
| gortos *v* | to wait (*ow kortos*) |
| gorwedha *v* | to lie down (*ow korwedha*) |
| goslowes (orth) *v* | to listen (to) (*ow koslowes*) |
| govynn, -ow *m* | question |
| govynn *v* | to ask (*ow kovynn*) |
| gour, gwer *m* | husband |
| gris, -yow *m* | stair |
| gul *v* | to do, make (*ow kul*) (# 128, 129, 161, 162) |
| gwag | empty |
| gwann | weak |
| gwari *v* | to play (*ow kwari*) |
| gwav, -ow *m* | winter |
| gwedrenn, -ow *f* | glass (*tumbler*) |
| gweles *v* | to see (*ow kweles*) |
| gweli, -ow *m* | bed |
| gwell | better |
| gwell yw genev | I prefer |
| gwell yw dhymm | I'd better |
| gwella | best |
| gwenton *m* | spring (*season*) |
| gweres *v* | to help (*ow kweres*) |
| gwertha *v* | to sell (*ow kwertha*) |
| gwerther, -oryon *m* | salesman |
| gwerthji, -ow *m* | shop |
| gweskel *v* | to hit (*ow kweskel*) |
| gweth | worse |
| gwettha | worst |
| gwin *m* | wine |
| gwir | true |
| gwiska *v* | to wear, dress (*ow kwiska*) |
| gwitha *v* | to keep (*ow kwitha*) |
| gwithyas, -ysi *m* | guardian |
| gwithyas kres *m* | policeman |
| gwivrenn, -ow *f* | wire |
| gwreg, gwragedh *f* | wife |
| gwydh *p* | trees (*collective*) |
| gwydhenn, -ow *f* | tree |
| gwynn | white, fair |
| gwyns, -ow *m* | wind |
| gwynsek | windy |
| gwyrdh | green (*not living things - see **glas***) |
| gyllys | gone (*from **mos***) |

## H

| | |
|---|---|
| ha | and |
| hag | and (*before vowel*) |
| hager | ugly |
| ha'n | and the (*ha + an*) |
| hanaf, -ow *m* | cup |
| hanaf-oy *m* | egg-cup |
| haneth | tonight |
| hanow, henwyn *m* | name, noun |
| hanow gwann | adjective |
| hansel, -yow *m* | breakfast |
| hanter *m* | half |
| hanterdydh *m* | midday |
| hanterkans | fifty |
| hanternos *f* | midnight |
| hav, -ow *m* | Summer |
| heb | without |
| heb mar | without doubt |

| | |
|---|---|
| hedhi *v* | to stop (*owth hedhi*) |
| hedhyw | today |
| hel, -yow *f* | hall |
| hel an dretown | hall |
| hemm *m* | this (one) |
| hemma *m* | this (one) |
| henn *m* | that (one) |
| henna *m* | that (one) |
| herwydh | according to |
| heyl, -yow *m* | estuary |
| hi | she |
| hir | long, tall |
| hoelan *m* | salt |
| hogh, -es *m* | pig |
| homm *f* | this (one) |
| homma *f* | this (one) |
| honn *f* | that (one) |
| honna *f* | that (one) |
| horner, -oryon *m* | ironmonger |
| hou ! | hi ! hello ! |
| howl *m* | sun |
| howlsplann *m* | sunshine |
| hwans, -ow *m* | desire |
| yma hwans dhymm | I want |
| hwath | still, yet |
| hweg | sweet, nice |
| hwedhel, -dhlow *m* | story, tale |
| hwegh | six |
| hwegynn, -ow *m* | sweet |
| hwerthin *v* | to laugh (*ow hwerthin*) |
| hwetek | sixteen |
| hwoer, hwerydh *f* | sister |
| hy[3] | her |
| hyns, -yow *m* | path |
| hyns-horn *m* | railway |

## I

| | |
|---|---|
| i | they |
| igeri *v* | to open (*owth igeri*) |
| igor | open |
| Iwerdhon *f* | Ireland |
| iwerdhonek | Irish |
| isel | low |
| isella | lower |

## J

| | |
|---|---|
| jynn, -ow *m* | machine |
| jynn-skrifa *m* | typewriter |
| jynnskrifa *v* | to type |
| jynn-tenna *m* | tractor |

## K (mutates to ²G, ³H)

| | |
|---|---|
| kador, -yow *f* | chair |
| kador-vregh *f* | armchair |
| kamm | wrong, crooked |
| kana *v* | to sing |
| kaner, -oryon *m* | singer |
| kans, -ow *m* | hundred |
| kanstell, -ow *f* | basket |
| kar, kerens *m* | relation, parent |
| kara *v* | to love |
| kares, -ow *f* | relation, girlfriend |
| karr, kerri *m* | car |
| karrji, -ow *m* | garage |
| kas *m* | hate |
| kas yw genev | I hate |
| kath, -es *f* | cat |
| kavoes *v* | to get, find, have, acquire, obtain |
| kay, -ow *m* | quay, platform |
| ke ! | go ! (*from **mos***) |

| | |
|---|---|
| kegin, -ow *f* | kitchen |
| kelli *v* | to lose |
| kelorn, kelern *m* | bucket |
| keltek | Celtic |
| Kembra *f* | Wales |
| kembrek | Welsh |
| kemmeres *v* | to take |
| kemmyn | common |
| kenter, -row *f* | nail |
| kepar (ha) | (just) like |
| kerdh, -ow *m* | walk |
| kerdhes *v* | to walk |
| kerens *p* | parents |
| kernewek | Cornish |
| Kernewek | Cornish language |
| Kernewes, -ow *f* | Cornishwoman |
| Kernow *f* | Cornwall |
| Kernow, -yon *m* | Cornishman |
| keskewsel *v* | to converse |
| keskows, -ow *m* | conversation |
| kesva, -ow *f* | board (organisation) |
| kettell² | as soon as |
| keur, -yow *m* | choir |
| keus *m* | cheese |
| kewer *f* | weather |
| kewsel *v* | to speak |
| ki, keun *m* | dog |
| kibell, -ow *f* | bath, tub |
| kig, -yow *m* | meat, flesh |
| kiger, -yon *m* | butcher |
| kikti, -ow *m* | butcher's shop |
| kinyow, -yewow *m* | dinner |
| klappya *v* | chatter |
| klav | sick, ill |
| kledh | left (hand), North |
| klokk, -ow *m* | clock |
| klywes *v* | to hear, sense |
| koffi *m* | coffee |
| kok, -ow *m* | fishing boat |
| koloven, -yow *f* | column |
| kommol *p* | clouds (collective) |
| kommolenn, -ow *f* | cloud |
| kompes | even, level, calm |
| korev, -ow *m* | beer |
| kornell, -ow *f* | corner |
| kors *m* | course |
| kosel | calm, quiet |
| koska *v* | to sleep |
| kota, -ow *m* | coat |
| koth | old |
| koweth, -a *m* | friend |
| kowethas, -ow *f* | society |
| kowethes, -ow *f* | friend |
| kowl, -ow *m* | soup |
| kowlik, -igow *m* | sprout (vegetable) |
| kres *m* | peace |
| kres *m* | middle |
| kresenn, -ow *f* | centre |
| kreslu *m* | police (force) |
| krev | strong, vigorous |
| krodhvolas *v* | to complain, murmur |
| krow, -yow *m* | shed, hut |
| krowshyns, -yow *m* | crossroads |
| krys, -yow *m* | shirt |
| kuntell *v* | to gather, collect |
| kwarter *m* | quarter |
| kweth, -ow *f* | cloth |
| kyn⁵ | although |
| kynth | although (before vowels and 'h') |
| kyns | before |
| kynsa | first |

| | |
|---|---|
| kynyav *m* | autumn |
| kyrghes *v* | to fetch, bring |
| kyttrin, -yow *m* | bus |

## L

| | |
|---|---|
| lagas, -ow *m* | eye (dewlagas) |
| lamma *v* | to jump |
| lavar, -ow *m* | saying, phrase |
| lavrek, -ogow *m* | trousers |
| le, -ow *m* | place |
| le | less |
| ledan | wide |
| lemmyn | now |
| lenwel *v* | to fill |
| les *m* | benefit, advantage |
| lester, lestri *m* | vessel (can be a boat or container) |
| lestrier, -yow *m* | kitchen dresser |
| leth *m* | milk |
| le'ti, -ow | dairy |
| leun (a²) | full (of) |
| leur, -yow *m* | floor |
| lev, -ow *m* | voice |
| leverel *v* | to say |
| lew, -yon *m* | lion |
| lies | many (followed by a singular noun) |
| liesplek | plural |
| liw, -yow *m* | colour |
| liwya *v* | to colour |
| loder, lodrow *m* | stocking |
| lodrik, lodrigow *m* | sock |
| loes | grey |
| losow | plants |
| losowenn, -ow *f* | plant |
| losow-kegin *p* | vegetables |
| lost, -ow *m* | tail |
| lostenn, -ow *f* | skirt |
| lovan, -ow *f* | rope |
| lowarth, -yow *m* | garden |
| lowen | happy |
| lowr | enough |
| lugarn, lugern *m* | lamp |
| lyha | least |
| lyther, -ow *m* | letter |
| lytherva, -ow *f* | post office |
| lyver, lyvrow *m* | book |
| lyverji, -ow | bookshop |
| lyverva, -ow *f* | library |
| lyw, -yow *m* | rudder |
| lywya *v* | to steer, drive |

## M (mutates to ²V, ⁵F)

| | |
|---|---|
| ma | (after noun) this |
| an den ma | this man |
| an venyn ma | this woman |
| mab, mebyon *m* | son |
| maga *v* | to feed, nuture, rear |
| mamm, -ow *f* | mother |
| mammik *f* | mummy |
| mamm-wynn *f* | grandmother |
| Manow *f* | Isle of Man |
| mappa, -ow *m* | map |
| mar² | as, so (see #197) |
| mar⁴ | if |
| mar pleg | please, if it pleases |
| marghas, -ow *f* | market |
| martesen | perhaps, maybe |
| maw, mebyon *m* | boy |
| maylyer, -ow *m* | envelope |
| mebyl *m* | furniture |
| medhyk, -ygyon *m* | doctor |

| | |
|---|---|
| megi *v* | to smoke |
| melin, -yow *f* | mill |
| melyn | yellow |
| menydh, -yow *m* | hill, mountain |
| mes | but |
| Mester | Mister |
| Mestres | Mistress, Miss, Ms |
| metya *v* | to meet |
| meur | great, much |
| meur ras | thanks |
| meur a² | many (followed by a plural or mass noun) |
| mil, -yow *f* | thousand |
| milvil *m* | million |
| mires (orth) *v* | to look (at), watch |
| mis, -yow *m* | month |
| mis Genver | January (see #109 for other months) |
| modrep, -ebedh *f* | aunt |
| moen | thin, slim |
| moes, -ow *f* | table |
| mor, -yow *m* | sea |
| morthol, -ow *m* | hammer |
| morvleydh, -i *m* | shark |
| mos *v* | to go |
| mowes, -i *f* | girl |
| moy | more |
| moyha | most |
| my | I |
| mynnes *v* | to wish, want, intend (see # 83, 85, 184) |
| mynys *p* | minutes (collective) |
| mynysenn, -ow *f* | minute (time) |
| myrgh, -es *f* | daughter |
| myttin *m* | morning |

## N

| | |
|---|---|
| na² | negative particle in 'no' answers (**nag** before vowels in **bos** and **mos**) |
| na | (after noun) that |
| an den na | that man |
| an venyn na | that woman |
| na fors | it doesn't matter |
| namoy | no more, neither |
| nans, -ow *m* | valley |
| naw | nine |
| nebes | some (followed by a plural or mass noun) |
| nebonan | someone, somebody |
| nes | nearer |
| nesa *v* | to approach |
| nessa | nearer |
| nessa | second, next |
| neuvya *v* | to swim |
| ni | we |
| niver, -ow *m* | number |
| nos, -ow *f* | night |
| notenn, -ow *f* | note |
| nown *m* | hunger |
| yma nown dhymm | I am hungry |
| nownsek | nineteen |
| nowodhow *p* | news |
| nowydh | new |
| ny² | negative particle 'not' |
| ny vern | never mind |
| ny wonn | I don't know |
| ny grysav | I don't think (so) |
| nyhewer | last night |
| nyns | negative particle 'not' before vowels in **bos** and **mos** |
| nyns yw gwir | it's not true |

# O

| | |
|---|---|
| ober, -ow *m* | work, job, exercise |
| oberi *v* | to work *(owth oberi)* |
| ogas (dhe²) | near (to) |
| oll | all, every |
| omdhiwiska *v* | to get undressed *(owth omdhiwiska)* |
| omglywes *v* | to feel *(owth omglywes)* |
| omma | here |
| omri *v* | to concentrate *(owth omri)* |
| omwiska *v* | to get dressed *(owth omwiska)* |
| omwolghi *v* | to wash oneself *(owth omwolghi)* |
| onan | one *(noun; as an adective see **unn**)* |
| ostel, -yow *f* | hotel |
| orth | at, to *(see #187)* |
| ott ! | look ! |
| ottena ! | look there is ! |
| ottomma ! | look here is ! |
| our, -yow *m* | hour *(duration)* |
| ow³ | my |
| ow⁴ | = '-ing' *(particle used with verb noun to make present particple)* |
| owth | *(replaces **ow⁴** before vowels)* |
| oy, -ow *m* | egg |
| oyl *m* | oil |

# P (mutates to ²B, ³F)

| | |
|---|---|
| pal, -yow *f* | spade |
| palas *v* | to dig |
| pan² | when *(conjunction; verb follows directly after)* |
| pandra ? | what ? *(before verb)* |
| paper, -yow *m* | paper |
| paper-nowodhow *m* | newspaper |
| par *m* | sort, type, kind |
| py par ? | what sort ? |
| a'n par ma | of this kind, like this |
| a'n par na | of that kind, like that |
| pareusi *v* | to prepare |
| park, -ow *m* | field, park |
| park-kerri *m* | car park |
| parys | ready |
| pastes, -ow *m* | pie |
| pasti, -ow *m* | pasty |
| peber, -oryon *m* | baker |
| peder *f* | four |
| pel, -yow *f* | ball |
| peldroes *m* | football |
| pell | far, distant |
| pellgewsel *v* | to telephone |
| pellgowser, -yow *m* | telephone |
| pellwolok, -ogow *f* | television |
| penn, -ow *m* | head, end |
| penn-bloedh *m* | birthday |
| pennseythun, -yow *f* | weekend |
| perghenn, -ow *m* | owner |
| pes ? | how many ? |
| pes da | pleased |
| peswar *m* | four |
| peswardhek | fourteen |
| p'eur⁵ ? | when ? |
| piw ? | who ? |
| plasenn, -ow *f* | record, disc |

| | |
|---|---|
| ple⁵ ? | where ? |
| plegya *v* | to fold, bend |
| ple'ma | where is/are ? |
| plos | dirty |
| pluvenn, -ow *f* | pen, feather |
| po | or |
| poenya *v* | to run |
| poes | heavy, weighty |
| pols, -yow *m* | moment |
| pons *m* | bridge |
| popti, -ow *m* | bakery |
| poran | exact, precise |
| porth, -ow *m* | harbour, port, cove |
| pow, -yow *m* | country, countryside |
| Pow Frynk | France |
| Pow Sows | England |
| prag y⁵ ? | why ? |
| praktis *m* | practice |
| pras, -ow *m* | meadow |
| prena *v* | to buy, pay for |
| prenn *m* | wood *(material)* |
| pris, -yow *m* | price |
| prys, -yow *m* | time, occasion |
| prysk *p* | bushes *(collective)* |
| pub | each, every |
| pubonan | everyone, everybody |
| pup-prys | every time, always |
| puptra | everything |
| pur² | very |
| py ? | what ? which ? *(with noun)* |
| py eur ? | what time ? |
| py le ? | where ? which place ? |
| py lies ? | how many ? |
| py liw ? | what colour ? |
| py par ? | what sort ? |
| pymp | five |
| pymthek | fifteen |
| pysk, puskes *m* | fish |
| pyskessa *v* | to fish |
| pyskador, -yon *m* | fisherman |
| pyth ? | what ? *(with verb)* |

# R

| | |
|---|---|
| rag | for, in order to |
| re² | too |
| redya *v* | to read |
| redyans, -ow *m* | reading |
| res *m* | need |
| res yw dhymm | I need |
| rev, -ow *f* | oar |
| revya *v* | to row |
| rewell, -ow *m* | freezer |
| rewl, -ow *f* | rule |
| rewler, -oryon *m* | manager |
| ri *v* | to give, donate |
| rudh | red |
| ryb | by, beside |

# S

| | |
|---|---|
| sagh, seghyer *m* | bag |
| salow | safe, sound |
| sawya *v* | to save |
| selsigenn, selsik *f* | sausage |
| seni *v* | to ring |
| serri (orth) *v* | to get angry (with) |
| serrys | angry |
| seth, -ow *m* | vase, jar |
| sevel *v* | to get up, rise |
| seytek | seventeen |
| seyth | seven |
| seythun, -yow *f* | week |

| | |
|---|---|
| sinema *m* | cinema |
| skath, -ow *f* | boat *(see #155 for types)* |
| skav | light (weight), nimble |
| skeusenn, -ow *f* | photograph |
| skiber, -yow *f* | barn |
| skol, -yow *f* | school |
| skoler, -oryon *m* | schoolchild |
| skrifa *v* | to write |
| skrifennyades, -ow *f* | secretary |
| skwith | tired, weary |
| soedh, -ow *f* | employment, job |
| soedhva, -ow *f* | office |
| sos *m* | friend, mate |
| soweth | unfortunately |
| sowsnek | English |
| spas, -ow *m* | opportunity, space |
| spiser, -oryon *m* | grocer |
| spisti, -ow *m* | grocery |
| splann | shining, splendid |
| splanna *v* | to shine |
| sport, -ow *m* | sport |
| stamp, -ow *m* | stamp |
| stevell, -ow *f* | room |
| stevell-dhybri *f* | dining room |
| stevell-omwolghi *f* | bathroom |
| stret, -ow *m* | street |
| sygh | dry |
| syghes *m* | thirst |
| yma syghes dhymm | I am thirsty |
| synsi *v* | to hold, contain |
| sywya *v* | to follow |

# T (mutates to ²D, ³TH)

| | |
|---|---|
| taklow *p* | things |
| tamm, temmyn *m* | piece, bit |
| tamm ha tamm | gradually, bit by bit |
| tan, -yow *m* | fire |
| tarow, terewi *m* | bull |
| tas, -ow *m* | father |
| tas-gwynn *m* | grandfather |
| tasik | daddy |
| tavern, -yow *m* | inn |
| taves, tavosow *m* | tongue, language, |
| tawesek | silent |
| te *m* | tea |
| teg | fine, beautiful |
| tenna *v* | to pull |
| tesenn, -ow *f* | cake |
| terri *v* | to break |
| terrys | broken |
| tew | fat |
| teylu, -yow *m* | family |
| teyr³ *f* | three |
| tiek, tiogyon *m* | farmer |
| tigenn, -ow *f* | wallet, handbag |
| tioges, -ow *f* | farmer's wife |
| tir, -yow *m* | land |
| to, -how *m* | roof |
| toemm | warm, hot |
| tokyn, -yow *m* | ticket |
| tokynva, -ow *f* | ticket office |
| toll, -ow *f* | tax, rate |
| tollow-dowr *p* | water rates |
| tour, -yow *m* | tower |
| towlenn, -ow *f* | programme |
| tra, -ow *f* | thing |
| tre(v), -ow *f* | home, town, |
| tre | at home |
| dhe-dre | homeward |
| dhe'n dre | to town |
| y'n dre | in town |

| | |
|---|---|
| redan *m* | electricity |
| remena *v* | to pass |
| ren, -ow *m* | train |
| reth, -ow *m* | beach |
| reweythyow | sometimes |
| treylya *v* | to turn, translate |
| tri³ *m* | three |
| riga *v* | to live, stay |
| rigys | resident in |
| rist | sad |
| roes, treys *m* | foot *(dewdroes)* |
| tros, -ow *m* | noise |
| trydhek | thirteen |
| tu, -yow *m* | direction |
| tus *p* | people *(an dus)* |
| ty | *(s)* you |
| tyli *v* | to pay |

## U

| | |
|---|---|
| ugens | twenty |
| ughel | high |
| unn | one *(with noun)* |
| unnek | eleven |
| unnplek | singular |
| unnver | agreed |
| usadow *p* | custom*(s)* |
| herwydh usadow | as usual |

## V

| | |
|---|---|
| verb, -ow | verb |
| vykken | always |
| bys vykken | for ever |

## W

| | |
|---|---|
| war² | on *(see #187)* |
| war-tu ha | towards |
| wor'tiwedh | finally, at last |
| wosa | after |

## Y

| | |
|---|---|
| y² | his |
| y⁵ | *(particle used when verb precedes subject and object)* |
| yth | *(replaces y⁵ before all vowels and 'h')* |
| yagh | healthy |
| yar, yer *f* | hen |
| yeghes *m* health | |
| yeghes da ! | good health ! cheers ! |
| yet, -ow *f* | gate |
| yeth, -ow *f* | language |
| yeyn | cold |
| yn | in |
| yn-bann | upwards |
| yn hwir | truly, really |
| yn poynt da | in good health |
| y'n | in the *(yn an)* |
| ynn | narrow |
| yndella | thus, so, therefore |
| ynk *m* | ink |
| yn-medh | says/said *(with quote)* |
| yn-mes | out *(movement)* |
| yntra | between |
| ynwedh | also, as well, too |
| ynys, -ow *f* | island |
| yowynk | young |
| yskynna *v* | to climb, get on, go up, ascend |
| ystynna | to extend, pass |
| ystynnans, -ow *m* | extension, appendix |
| ytho | therefore, so, thus |

## Gerva Sowsnek Kernewek

For genders and plurals of nouns, refer back to the Gerva Kernewek Sowsnek.

## A

| | |
|---|---|
| able (be) *v* | galloes |
| above | a-ugh |
| according to | herwydh |
| across | a-dreus |
| adjective | hanow gwann |
| advantage | les |
| after | wosa |
| afternoon | dohajydh |
| afterwards | a-wosa |
| agreed | unnver |
| alarm clock | difunell |
| all right | da lowr |
| along | a-hys |
| also | ynwedh |
| although | kyn⁵, kynth |
| always | pup-prys |
| anchor | ankor |
| and | ha (hag *before vowel but not 'h')* |
| and the | ha'n |
| angry | serrys |
| angry (get) *v* | serri (orth) |
| animal | enyval |
| answer | gorthyp |
| answer *v* | gorthybi |
| appendix ystynnans | |
| apple | aval |
| arm | bregh |
| armchair | kador-vregh |
| around | a-dro |
| as (like) | avel, haval |
| as (so + verb) | dell² |
| as (so + adjective) | mar² |
| as soon as | kettell² |
| ask | govynn |
| association | kowethas |
| at last | wor'tiwedh |
| aunt | modrep |
| autumn | kynyav |
| away *(movement)* | dhe-ves |

## B

| | |
|---|---|
| bad | drog |
| bag | sagh |
| baker | peber |
| bakery | popti |
| ball | pel |
| basket | kanstell |
| bath | kibell |
| bathroom | stevell-omwolghi |
| be *v* | bos |
| beach | treth |
| beat *v* | fetha |
| beautiful | teg |
| bed | gweli |
| bedroom | chambour |
| beer | korev |
| before | kyns |
| begin *v* | dalleth |
| beginning | dalleth |
| behind | a-dryv |
| bend *v* | plegya |
| benefit | les |
| beside | ryb |

| | |
|---|---|
| best | gwella |
| better | gwell |
| between | yntra |
| big | bras |
| bird | edhen |
| birthday | penn-bloedh |
| bit | tamm |
| black | du |
| blood | goes |
| board (body) | kesva |
| boat | skath |
| boil *v* | bryjyon |
| boiled | bryjys |
| book | lyver |
| bookshop | lyverji |
| born | genys |
| bottom | goeles |
| bowl | bolla |
| boy | maw |
| bread | bara |
| break *v* | terri |
| breakfast | hansel |
| Breton | Breton |
| Brittany | Breten Vyghan |
| broken | terrys |
| brother | broder |
| brown | gell |
| bucket | kelorn |
| bull | tarow |
| bus | kyttrin |
| but | mes |
| butcher | kiger |
| butcher's shop | kikti |
| buy, pay for *v* | prena |

## C

| | |
|---|---|
| café | boesti |
| cake | tesenn |
| call *v* | gelwel |
| calm | kosel |
| can (be able) *v* | galloes |
| car | karr |
| car park | park-kerri |
| cat | kath |
| Celtic | keltek |
| centre | kresenn |
| chair | kador |
| chapel | chapel |
| chatter *v* | klappya |
| cheese | keus |
| child | flogh |
| chimney | chymbla |
| chips | askloes |
| choir | keur |
| church | eglos |
| cinema | sinema |
| clean | glan |
| clean *v* | glanhe |
| climb *v* | yskynna |
| clock | klokk |
| close *v* | degea |
| closed | deges |
| cloth | kweth |
| clothes | dillas |
| cloud | kommolenn |
| clouds | kommol |
| coal | glow |
| coast | arvor |
| coat | kota |
| coffee | koffi |
| cold *(illness)* | anwoes |
| cold | yeyn |

| | | | | | |
|---|---|---|---|---|---|
| coldness | yeynder | employment | soedh | **G** | |
| collect | kuntell | empty | gwag | garage | karrji |
| colour | liw | enclosure | garth | garden | lowarth |
| column | koloven | end *v* | diwedha | gate | yet |
| come *v* | dos | England | Pow Sows | gather *v* | kuntell |
| common | kemmyn | English | sowsnek | gear | daffar |
| complain | krodhvolas | English language | Sowsnek | get (obtain) *v* | kavoes |
| complete | dien | enough | lowr | get on *(bus) v* | yskynna |
| concentrate *v* | omri | envelope | maylyer | get up *v* | sevel |
| conversation | keskows | equipment | daffar | girl | mowes |
| converse *v* | keskewsel | estuary | heyl | give *v* | ri |
| corner | kornell | even | kompes | glass | gwedrenn |
| Cornish | kernewek | evening | gorthugher | glasses (spectacles) | dewweder |
| Cornish language | Kernewek | this evening | haneth | go *v* | mos |
| Cornishman | Kernow | last eveing | nyhewer | go ! | ke ! |
| Cornishwoman | Kernewes | every | pub | go up *v* | yskynna |
| Cornwall Kernow | | everybody | pubonan | God | Dyw |
| correct | ewn | everything | puptra | gone | gyllys |
| country | pow, bro | exact(ly) | poran | good | da |
| countryside | pow | example | ensampel | goodbye | dyw genes |
| cove | porth | exercise | ober | goose | goedh |
| cow | bugh | extend *v* | ystynna | gradually | tamm ha tamm |
| cowshed | bowji | extremelyfest | | grandfather | tas-gwynn |
| cream | dyenn | eye | lagas | grandmother | mamm-wynn |
| ice cream | dyenn rew | | | great | meur |
| crooked | kamm | | | great ! | splann ! bryntin ! |
| cross (angry) | serrys | | | green | gwyrdh, glas *(for living things)* |
| cross | krows | **F** | | grey | loes |
| crossroads | krowshyns | family | teylu | grocer | spiser |
| cup | hanaf | far | pell | grocer'*s* shop | spisti |
| cupboard | amari | farm | bargen-tir | guardian | gwithyas |
| custom | usadow | farmer | tiek | | |
| | | farmer's wife | tioges | **H** | |
| **D** | | fat | tew | hair | gols, blew |
| dad(dy) | tasik | feather | pluvenn | half | hanter |
| dairy | le'ti | feed *v* | maga | hall | hel |
| dance | dons | feel *v* | omglywes | hammer | morthol |
| dance *v* | donsya | feminine | benow | hand | dorn, leuv |
| daughter | myrgh | fetch *v* | kyrghes | handle | dornla |
| day | dydh | field | park | happy | lowen |
| desire | hwans | fifteen | pymthek | harbour | porth |
| desk | desk | fifty | hanterkans | hate | kas |
| devil | dyowl | fill *v* | lenwel | I hate | kas yw genev |
| diary | dydhlyver | film | fylm | have *v* | *(expressed with long form of **bos** + **dhe/gans**; see #47)* |
| dig *v* | palas | finally | wor'tiwedh | | |
| dining-room | stevell-dhybri | find *v* | kavoes | | |
| dinner | kinyow | fine | teg | he | ev |
| direction | tu | finger | bys | head | penn |
| dirty | plos | fire | tan | health | yeghes |
| dishes | lestri | first | kynsa | healthy | yagh |
| distant | pell | fish | pysk | hear *v* | klywes |
| do *v* | gul | fish *v* | pyskessa | heavy | poes |
| doctor | medhyk | fishing boat | kok | help *v* | gweres |
| dog | ki | fist | dorn | hen | yar |
| door | daras | flag | baner | her | hy[3] |
| dress *v* | gwiska, omwiska | floor | leur | here | omma |
| dresser | lestrier | flower | bleujenn | here is/are ! | ottomma ! |
| drink | diwes | fold *v* | plegya | hi ! | hou ! |
| drink *v* | eva | follow *v* | sywya | high | ughel |
| drive *v* | lywya | food | boes | hill | bre |
| dry | sygh | foot | troes | hit *v* | gweskel |
| | | football | peldroes | hold *v* | synsi |
| **E** | | for (in order to) | rag | holiday | dy'goel |
| each | pub | for ever | bys vykken | home | tre |
| eat *v* | dybri | forty | dew-ugens | homewards | dhe-dre |
| egg | oy | four | peswar *(m)*, peder *(f)* | horrible | euthek |
| egg cup | hanaf-oy | fourteen | peswardhek | horror | euth |
| eight | eth | France | Pow Frynk | hot | toemm, poeth |
| eighteen | etek | freezer | rewer | hour | eur *(o'clock)* |
| either | po | friend | koweth *(m)*, kowethes *(f)* | | our *(duration)* |
| electricitytredan | | from | a[2], diworth | | |
| eleven | unnek | full (of) | leun (a[2]) | | |
| | | furniture | mebyl | | |

60

| English | Cornish |
|---|---|
| ouse | chi |
| ow ? | fatell ? |
| ow are you ? | fatla genes ? |
| owever | byttegyns |
| ow many ? | py lies ? pes ? |
| undred | kans |
| unger | nown |
| I'm hungry | yma nown dhymm |
| urry *v* | fistena |
| usband | gour |

## I

| English | Cornish |
|---|---|
| I | my |
| f | mar⁴ |
| ll | klav |
| mmediately | distowgh |
| n | yn |
| in front of | a-rag |
| nk | ynk |
| nn | tavern |
| intend *v* | mynnes |
| interesting | dhe les, a vern |
| reland | Iwerdhon |
| ronmonger | horner |
| sland | ynys |
| Isle of Man | Manow |

## J

| English | Cornish |
|---|---|
| ar | seth |
| ob | soedh |
| jump *v* | lamma |

## K

| English | Cornish |
|---|---|
| keep *v* | gwitha |
| key | alhwedh |
| kitchen | kegin |
| know *v* | aswonn *(place or person)* |
| know *v* | godhvos *(fact)* |

## L

| English | Cornish |
|---|---|
| lamp | lugarn |
| land | tir |
| lane | bownder |
| language | yeth, taves |
| last | diwettha |
| last night | nyhewer |
| laugh *v* | hwerthin |
| lawn | glesin |
| lazy | diek |
| learn *v* | dyski |
| least | lyha |
| leave *v* | gasa |
| left(hand) | kledh |
| less | le |
| letter | lyther |
| library | lyverva |
| lie down *v* | gorwedha |
| light (weight) | skav |
| light | golow |
| like *v* | kara, bos da gans |
| I like | da yw genev |
| like (as) | kepar ha, avel |
| lion | lew |
| listen to *v* | goslowes orth |
| little | byghan |
| live *v* | triga |
| long | hir, pell |
| look ! | ott ! |
| look (at) *v* | mires (orth) |
| lose *v* | kelli |

| English | Cornish |
|---|---|
| love *v* | kara |
| low | isel |
| lucky | feusik |

## M

| English | Cornish |
|---|---|
| machine | jynn |
| mackerel | brithel |
| make *v* | gul |
| man | gour, den |
| manager | rewler |
| many | lies (+ s noun) meur a² (+ p noun) |
| map | mappa |
| market | marghas |
| masculine | gorow |
| mate | sos |
| matter | bern |
| it doesn't matter | ny vern |
| maybe | martesen |
| meadow | pras |
| meat | kig |
| meet *v* | metya |
| member | esel |
| midday | hanterdydh |
| middle | kres |
| midnight | hanternos |
| milk | leth |
| milk *v* | godra |
| mill | melin |
| miner | den-bal |
| minute (time) | mynysenn |
| Miss, Mistress, Mister | Ms, Mestres, Mester |
| moment | pols |
| money | arghans |
| month | mis |
| moor | goen |
| more | moy |
| morning | myttin |
| most | moyha |
| mother | mamm |
| mountain | menydh |
| much | meur |
| mummy | mammik |
| must | res |
| I must | res yw dhymm |
| my | ow³ |

## N

| English | Cornish |
|---|---|
| nail | kenter |
| name | hanow |
| narrow | ynn, kul |
| near (to) | ogas (dhe²⁾) |
| nearer | nes |
| nearest | nessa |
| necessary | res |
| new | nowydh |
| news | nowodhow |
| newspaper | paper-nowodhow |
| nice | hweg |
| night | nos |
| nimble | skav |
| nine | naw |
| noise | tros |
| no more | namoy *(with negative)* |
| nor | na(g) |
| note | notenn |
| now | lemmyn |
| number | niver |
| nurture *v* | maga |

## O

| English | Cornish |
|---|---|
| oar | rev |
| obtain *v* | kavoes |
| occasion | prys |
| o'clock | eur |
| office | soedhva |
| oil | oyl |
| OK | da lowr |
| old | koth |
| on | war² |
| one | onan (+ *adjective*) unn (+ *noun*) |
| open *v* | igeri |
| open | igor |
| opinion | breus |
| opposite | a-dal |
| or | po |
| other | arall *(s)*, erell *(p)* |
| our | agan |
| out of | yn-mes a² |
| owner | perghenn |

## P

| English | Cornish |
|---|---|
| page | folenn |
| paper | paper |
| parents | kerens |
| park | park |
| pass *v* | tremena |
| pasty | pasti |
| path | hyns |
| pay *v* | tyli |
| pay for *v* | prena |
| peace | kres |
| pen | pluvenn |
| people | tus (an dus) |
| perhaps | martesen |
| photograph | skeusenn |
| pie | pastes |
| piece | tamm |
| pig | hogh |
| place | le |
| plant | losowenn |
| play *v* | gwari |
| please | mar pleg |
| pleased | pes da |
| plough *v* | aras |
| police force | kreslu |
| policeman | gwithyas kres |
| poor | boghosek |
| port | porth |
| post office | lytherva |
| Post Office | Soedhva an Post |
| precise(ly) | poran |
| prefer | bos gwell gans |
| I prefer | gwell yw genev |
| prepare *v* | pareusi |
| price | pris |
| programme | towlenn |
| pub | diwotti |
| pull *v* | tenna |
| put *v* | gorra |

## Q

| English | Cornish |
|---|---|
| quarter | kwarter |
| quay | kay |
| question | govynn |
| quiet | kosel |

## R

| English | Cornish |
|---|---|
| rain | glaw |

| | |
|---|---|
| ase | seth |
| vegetables | losow-kegin |
| very | pur$^2$, fest |
| vessel | lester |
| vocabulary | gerva |
| voice | lev |

# W

| | |
|---|---|
| wait (for) *v* | gortos |
| wake up *v* | difuna |
| Wales | Kembra |
| walk | kerdh |
| walk *v* | kerdhes |
| wall | fos |
| want *v* | mynnes |
| want | hwans; |
| I want | yma hwans dhymm |
| warm | toemm |
| wash *v* | golghi, omwolghi |
| watch *v* | mires (orth) |
| water | dowr |
| we | ni |
| weak | gwann |
| wear *v* | gwiska |
| weather | kewer |
| week | seythun |
| weekend | pennseythun |
| well (fit) | yagh |
| Welsh | kembrek |
| wet | glyb |
| wide | ledan |
| wife | gwreg |
| wind | gwyns |
| windy | gwynsek |
| wine | gwin |
| winter | gwav |
| wire | gwivrenn |
| wise | fur |
| wish *v* | mynnes |
| with | gans |
| without | heb |
| without doubt | heb mar |
| what ? *(+ verb)* | pyth ? pandra ? |
| what ? *(+noun)* | py ? |
| what colour ? | py liw ? |
| what sort of? | py par ? |
| what time ? | py eur ? |
| when ? | p'eur$^5$ ? |
| when *(conjunction)* | pan$^2$ (+ *verb*) |
| where ? | ple$^5$ ? |
| white | gwynn |
| who ? | piw ? |
| whole | dien |
| why ? | prag$^5$ ? |
| woman | benyn |
| wooden | prenn |
| word | ger |
| work | ober |
| work *v* | oberi |
| world | bys |
| worse | gweth |
| worst | gwettha |
| wrist-watch | euryor |
| write *v* | skrifa |
| wrong | kamm |

# Y

| | |
|---|---|
| yard | garth |
| year | blydhen |
| years of age | bloedh |
| yellow | melyn |
| yet | hwath |

| | |
|---|---|
| you | ty *(s)*, hwi *(p)* |
| young | yowynk |
| your | dha$^2$ *(s)*, agas *(p)* |

# *For information on the Cornish Language*

## *contact*

George Ansell, Sales and Information (including correspondence course details),
Kesva an Taves Kernewek (The Cornish Language Board),
65 Churchtown,
Gwinear,
near Hayle,
Cornwall/Kernow TR27 5JL

phone and fax 01736 850878

Jane Ninnis, Secretary,
Kowethas an Yeth Kernewek (The Cornish Language Fellowship),
Fentenwynn,
Top Hill,
Grampound Road,
near Truro,
Cornwall/Kernow TR2 4DR

phone 01726 882681

## *some useful books*

*The New Standard Cornish Dictionary (An Gerlyver Kres),* editor Dr. Ken George, ISBN 0 907064 87 6 published by Kesva an Taves Kernewek (The Cornish Language Board), 1998: the fullest and most modern Cornish-English, English-Cornish dictionary.

*A Very Brief History of the Cornish Language,* by Graham Sandercock, ISBN 0 907064 61 2, published by Kesva an Taves Kernewek (The Cornish Language Board), 1996.

*The Formation of Cornish Place-Names,* by Wella Brown and Graham Sandercock, ISBN 0 907064 63 9, published by Kesva an Taves Kernewek (The Cornish Language Board), 1996.

*A Grammar of Modern Cornish,* by Wella Brown, Second Edition, ISBN 0 907064 07 8, published by Kesva an Taves Kernewek (The Cornish Language Board), 1993: a detailed and comprehensive grammar suitable for those continuing their studies of Cornish.

## *An Gannas*

*An Gannas,* is a monthly magazine published by Kowethas an Yeth Kernewek (The Cornish Language Fellowship) containing articles for beginners. Membership details and subscription rates are available from the address above.